安全通航视野下的航道优化布置设计

艾万政　著

海洋出版社
2016年 · 北京

内容简介

本书从安全通航视野出发，就目前航道建设中的一些热点问题，如航道富余水深、航道宽度、航道净空高度、桥区航道、弯曲航道等开展探索研究，希望本书的研究能够对我国的航道建设做出一点贡献。本书主要供港航管理、船舶运输等行业研究者参考。

图书在版编目（CIP）数据

安全通航视野下的航道优化布置设计/艾万政著．—北京：海洋出版社，2016.11

ISBN 978-7-5027-9609-9

Ⅰ．①安…　Ⅱ．①艾…　Ⅲ．①航道－设计　Ⅳ．①U612.32

中国版本图书馆 CIP 数据核字（2016）第 266319 号

责任编辑：郑跟娣

责任印制：赵麟苏

海洋出版社　**出版发行**

http://www.oceanpress.com.cn

（100081　北京市海淀区大慧寺路 8 号）

北京朝阳印刷厂有限公司印刷

2016 年 11 月第 1 版　2016 年 11 月第 1 次印刷

开本：787 mm×1092 mm　1/16　印张：7.75

字数：210 千字　定价：32.00 元

发行部：62132549　邮购部：68038093　总编室：62114335

前 言

交通运输业是国民经济发展的重要支柱行业，尤其是水路运输具有清洁、运力大、节能等优点，在国内外贸易中占有重要地位。我国水路运输资源丰富，沿海各大航路可直达国外重要港口。国内主要运输水系有长江水系、珠江水系和黑龙江水系等，各水系还有很多分支水系，这些水系像血管一样遍布中华大地，构成了我国强大的航道运输网络，有力地支撑了我国水路运输事业的发展。但随着经济的发展，水上运输结构发生了深刻的变化，航道运量增多，运力增大，船舶运行强度和密度增大。搞好航道通航安全，对保障人民生命财产安全，维护航运经济持续发展，促进我国对内、对外贸易的繁荣，都具有十分重要的意义。

近几年，国家制定的水运发展战略及规划中，十分重视航道水运资源。发展航道运输，提出了强化运输生产安全管理要求和实施措施，使航道安全生产管理逐步走向科学化、规范化和制度化。尤其是在大力发展海洋经济的大背景下，航道建设和科学规划问题已经提上重要议事日程。虽然很多研究者针对航道问题开展了大量研究，且研究文献较多，也得出了一些重要的研究成果。但是已有的很多研究主要是针对航道的淤积和冲刷而展开，较少涉及船舶的操纵性，这不利于船舶在航道内的安全通航。由于航道是水路运输的载体，航道建设的终极目标是为通航服务，因此航道的建设与规划应紧密结合通航而展开。本书从安全通航视角出发，就目前航道建设中的一些热点问题开展探索研究，希望本书的研究能够对我国的航道建设做出一点贡献。具体来讲，本书针对以下问题开展了一些研究。

（1）在航道建设中，与通航密切相关的因素包括：航道富余水深、航道宽度、航道净空高度等。本书以船舶的操纵性为基础，探讨了影响航道富余水深、航道宽度、航道净空高度的因素，并确立了航道富余水深、航道宽度、航道净空高度计算的数学模型。

（2）针对一些事故易发的特殊航道，如桥区航道、弯曲航道开展讨论，结合船舶的操纵性，研究了船舶过弯所需要的附加宽度，并提出了弯曲航道附加宽度确定方法；通过数值模拟的手段，研究了桥墩紊流漩涡区最大范围的经验表达式，提出了桥浮和桥区航道优化布置设计方案。

（3）以减少交通事故为目的，研究了交通事故与航道相关参数之间的关系，并基于大量统计数据，提出了航道优化布置设计方案。

（4）以航道通航安全为目的，探讨了我国航道等级划分及航道建筑物评价问题，提出我国航道等级划分的建议和航道建筑物评价方法。

（5）以舟山江海联运航道设计为例，提出了运用相关章节知识进行航道优化布置设计流程。

本书的顺利出版应感谢浙江海洋大学港航学院全体教师的大力支持，没有他们的支持，本书不会这么快出版发行。另外，浙江海洋大学张洪刚老师参与了本书富余水深这一章节部分内容的撰写工作，丁天明、刘虎、池弘福也参与了本书部分内容的撰写，对他们的辛勤劳动，表示衷心感谢！

本书是作者对航道建设方面的一些初浅认识，书中难免会有不足之处，希望广大同行和读者批评指正。

作者

2015 年 7 月于浙江海洋大学

目　次

1 绪 论

本章介绍本书的选题背景及研究的意义，对航道优化布置设计研究现状进行回顾与评述，针对目前航道优化布置设计需要解决的问题，提出本书的研究内容及采取的技术路线。

1.1 研究的意义

水路运输具有运量大、成本低、能耗小以及占地少的优点，它是现代交通运输系统中的一个十分重要的运输方式，在国民经济和社会发展以及对外开放中占有重要地位。近年来，随着我国物流业和外贸业的进一步发展，水路运输在国民经济中的重要作用进一步凸显。水运主要是通过航道和船舶来实现，因为航道和船舶是水运的载体。目前我国沿海、内陆河流及湖泊航道众多，正是由于这些航道的存在，才保障了我国水运业的蓬勃发展。

我国的内陆水系包括珠江水系、长江水系、黑龙江水系、京杭运河水系、黄河水系等。沿海地区航道密布，和我国的内陆水系一起形成了发达的航道网络，使我国运输船舶能通江达海，有力地促进了我国对内、对外贸易的发展。除沿海航道以外，我国内陆航道网络的特点包括：①主要航道干线呈纬向分布。由于我国地形分布总趋势为西高东低，因此，除京杭人工运河外，长江、珠江、淮河和黑龙江等各主要内河航道干线均呈纬向分布。这一分布特点，与我国资源和经济的分布格局在空间上有较好的呼应关系，因而也具有很大的发展潜力。②绝大部分航道网都分布在南方各地。因受水系分布及其水文特征的影响，中国内河航道主要密布于南方各省区。其中航道里程在2 000 km以上的省区共有12个，除黑龙江外，均位于长江及其以南地区，南方11个省区的航道合计里程为9.52×10^4 km，已占全国航道总里程的87.1%。其中，江苏省的航道里程最长，超过2.4×10^4 km，占全国总里程的22%，其次为广东、浙江和湖南3省，其里程都在10 000 km以上。再从航道密度看，平均每千平方千米国土拥有10 km以上航道的省区共有15个，其中除山东和黑龙江两省外，也都分布在长江及其以南地区。它们又以上海的密度为最大（412 km/1 000 km^2，其次为江苏（240 km/1 000 km^2）和浙江（106 km/1 000 km^2）。③通航条件较好的航道集中于“三江两河”水系。若以可通航百吨以上船舶的航道为通航条件较好的内河航道，则这类航道绝大部分都集中分布在长江、珠江、黑龙江、淮河和京杭大运河五大水系（简称“三江两河”水系）之中，其合计里程近30 000 km，占全国该类航道总里程的80%以上，其中仅长江水系的这类航道里程长度，就已占到全国相应总里程数的42%。“三江两河”水系的货运量和货物周转量，也都分别占到了全国内河水运相应总量的80%以上。其中也以长江水系所占的比重为最大，其次为珠江水系和京杭运河。

长江（包括京杭运河和淮河）是世界上第二大河，也是内河航运最发达的河流，是我国第一大内河运输水系，被称为中国的黄金水道，共有通航支流3 600多条，其干支流合计通航里程为7万余千米（含京杭运河和淮河）。长江水系支流、湖泊众多，主干航道与支流航道、支流航道与支流航道之间的关系较为复杂。珠江是我国四大河流之一，由西江、北江、东江及珠江三角洲四大部分组成，流域涉及六省区和越南部分地区，其中与航运关系密切的是广东、广西两省区。珠江航运条件比较优越，其多年平均径流量为$3.38\times10^8 m^3$，仅次于长江居全国第二位，珠江又属少沙性河流，多年平均含沙量仅 0.27 kg/m^3。全水系合计通航里程超过 1.4 × 10^4 km。西江横贯两广，是珠江水系的主要航道。西江航运干线自南宁经东平水道至广州 854 km，其中南宁至贵县 279 km，可通航 80 ~ 120 吨级轮驳船队和 200 个客位的客轮；贵县至梧州 275 km，通航 120 ~ 250 吨级轮驳船队及 300 客位客轮；梧州至广州 300 km，可通航 1 000 吨级轮驳船队和 300 ~ 400 客位的客轮。西江上游右江百色至南宁 375 km，可通航 120 吨级轮驳船队；支流柳江至桂平 268 km，可通航 120 ~ 250 吨级轮驳船队和 200 客位客轮；红水河可通航 120 吨级轮驳船。北江和东江通航条件相对较差，通航船舶一般为 50 吨级，最大不超过 100 吨级。珠江三角洲水网纵横交错，有通航水道 800 多条，通过 8 个口门河海相通，通航里程超过 5 300 km，其中前山水道通航 100 吨级船舶；陈村水道通航 300 吨级船舶；莲沙蓉水道通航 500 吨级船舶。珠江干流一般能通航 1 000 ~ 20 000 吨级海轮。黑龙江系中苏界河，是我国第三大内河运输水系。黑龙江干流长 2 820 km，其中中苏界河自恩和哈达至伯力长 1 890 km，全部可以通航。黑龙江水深条件较好，可通航 500 ~ 1 000 吨级船舶；松花江是黑龙江的主要支流，也是黑龙江水系的水运干线，通航里程 864 km，可通行 500 ~ 1 000 吨级船舶；中苏界河乌苏里江也有较好的水深条件，可通航 500 ~ 1 000 吨级船舶；此外，嫩江也是黑龙江水系的一条主要通航河流。黑龙江水系有较好的水深条件，其航运发展具有其有利的条件。

近几年，随着国民经济的发展，航道运输结构发生了深刻的变化，航道运量增多，运力增大，船舶运行强度和密度增大。根据 2008 年 4 月 30 日至 2010 年 7 月 26 日武汉长江大桥断面日均船舶流量观测结果，2008 年 4 月 30 日以来，通过武汉长江大桥断面的船舶日平均流量约为 403 艘。其中绝大多数船舶为普通货船，约为 265 艘，占日平均流量的 65.82%，另有少量客船、集装箱船、船队，分别占日均流量的 17.30%、6.90%、5.37%。并有少量危险品船、公务船、渔船、工程船等船舶在航段内航行，约占船舶日平均流量的4.61%。在该航段内航行的船舶主要是船长为50～90 m的中型船舶，约占船舶日平均流量的60.69%；其次为船长在30～50 m的小型船舶，约占船舶日平均流量的22.05%；30 m以下的小型船舶约占5.87%；船长在90 m及90 m以上的大型船舶，约占11.39%。2008年4月30日至2010年7月26日武汉长江大桥断面日均船舶流量观测结果分别如图1.1和图1.2所示。

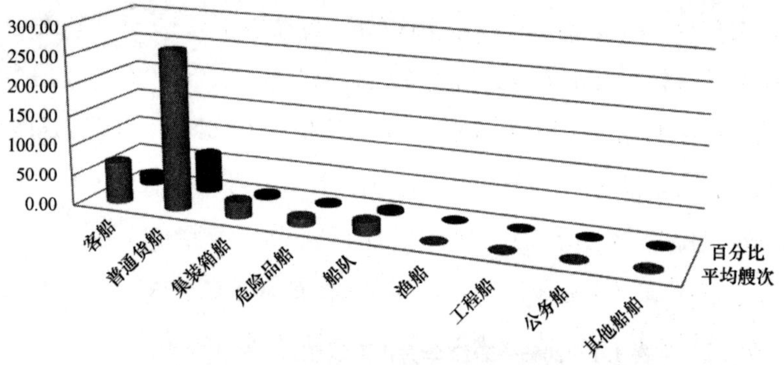

船舶类型	客船	普通货船	集装箱船	危险品船	船队	渔船	工程船	公务船	其他船舶
■平均艘次	69.65	264.99	27.79	13.88	21.64	0.49	0.72	1.00	2.44
■百分比(%)	17.30	65.82	6.90	3.45	5.37	0.12	0.18	0.25	0.61

图1.1　武汉长江大桥断面日均船舶流量（按船舶种类分）

据相关统计资料显示，30%的水运交通事故是由航道缺陷引起的。航道是为通航服务的，因此航道布置应充分考虑船舶的操纵特性。近几年，由于航道缺陷引起的交通事故时有发生，这对发展我国水路运输经济极为不利。据舟山海事局统计，舟山海域2005—2012年船舶交通事故339起（表1.1），40%左右的事故发生在弯曲航道和交叉航道等复杂航道。由此看来，紧密结合船舶的操纵性，科学研究航道的优化布置，对维护航运安全有着十分重要的现实意义。

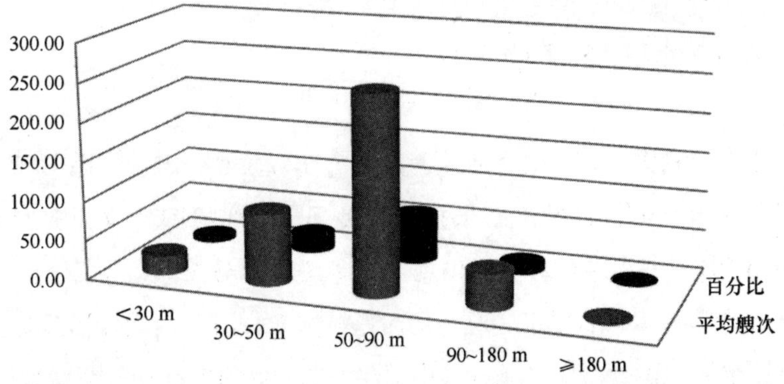

船舶长度	<30 m	30~50 m	50~90 m	90~180 m	≥180 m
■平均艘次	24.39	91.71	252.39	45.93	1.46
■百分比(%)	5.87	22.05	60.69	11.04	0.35

图 1.2　武汉长江大桥断面日均船舶流量（按尺度分）

表 1.1　2005—2012 年舟山海域航道交通事故统计

年份	碰撞	触损	自沉	触礁	搁浅	火灾	其他	合计
2005	10	11	10	5	2	0	4	42
2006	36	12	7	4	2	0	2	63
2007	22	6	7	8	0	0	0	43
2008	25	13	3	8	0	2	1	52
2009	16	9	7	14	0	2	2	50
2010	25	5	5	4	1	2	0	42
2011	27	5	1	2	0	1	0	36
2012	5	1	2	2	0	1	0	11
合计	166	62	42	47	5	8	9	339

1.2 国内外研究现状

近年来，我国对相关航道通航安全研究比较重视，取得了很多重要成果。目前我国航道设计的主要依据是相关规范。如我国的《内河通航标准》（GB 50139—2014）对我国内河航道等级的划分、航道水深设计、航道宽度设计都有明确的规定。但《内河通航标准》有关内河航道设计也存在一些明显不足的地方。如该标准中提出的顺直航道宽度计算公式为

$$B = |B_1| + |B_2| + C + 2d \tag{1.1}$$

式中，B_1 为上水船所占航宽，$B_1 = |L_1 \sin a| + |b_1 \cos a|$，$L_1$ 为上水船船长，b_1 为上水船船宽，a 为漂角；B_2 为下水船所占航宽，$B_2 = |L_2 \sin a| + |b_2 \cos a|$，$L_2$ 为下水船船长，b_2 为下水船船宽；C 为船与船之间的间距（$C = 0.25|L \sin a + b|$），L 取 L_1 和 L_2 之中的较大者，b 取 b_1 和 b_2 之中的较大者；d 为船与岸之间的间距，$d = 2C$。

《内河通航标准》所提出的内河顺直航道宽度计算公式是在充分论证的基础上提出的，具有一定的科学性。但是，如果将《内河通航标准》中的航宽公式应用到航道设计，有 3 个地方有待完善：①该公式没有较好地考虑风和流对航道宽度的影响。事实上，船舶在风和流的作用下，不但会产生偏转，同时也会产生漂移；②标准中将 a 定义为漂角有失偏颇，作者通过阅读大量文献，认为将 a 改为偏航角比较恰当；③公式（1.1）只是从船型角度和宏观上考虑航道尺度，对于特定水域（如桥区、弯曲航道等），套用本公式来设计航道尺度有失偏颇。这主要是因为在特定的水域，存在特殊的水流条件，应将这些影响船舶操纵的特殊条件考虑到航道设计中去。又如《内河通航标准》在界定弯曲航道宽度时指出“弯曲航道宽度应在顺直航道宽度的基础上适当加宽”，但究竟加宽多少，该标准并没有明确指出，这对于我国内河航道建设极为不利。

目前国内外关于航道的研究很多，但大部分研究主要是针对航道的冲刷和淤积而展开，具体来讲，这些研究主要是针对航道悬移质和推移质运动规律来开展的。航道的主要功能是用于通航，因此，说到底航道的优化布置设计应充分考虑船舶的操纵性。关于船舶操纵性对航道布置的影响，国内外专家比较关注的问题是船舶航行时的偏航距，认为偏航距是关系到航道布置的关键问题之一。张仲南（1982）和李一兵等（1990）通过大量试验，得出了船舶过闸横向偏航速度与横向流速之间的经验关系，这种经验关系对于航道布置具有借鉴意义。但是，该经验关系也仅仅适用于船闸，对于其他航道，由于船舶受到特殊水流作用不同，他们提出的横向偏航速度经验公式不一定实用。陈永奎（1996，1999）针对船舶在均匀斜流场偏航漂移的计算公式进行了系统的研究，从动量定理出发，推导出了船舶横漂速度的理论计算公式。但是该公式不但没考虑风动力矩的作用，而且公式的应用还要考虑船体附加质量，而附加质量很难准确计算，因此陈永奎所提出的偏航漂移计算公式还不能完全应用于实际。苏联沙拉辽夫（1983）应用数理统计理论对航道通航环境进行过研究，建立了航道尺度与交通事故数据之间的定量关系，这种定量关系综合考虑了航道尺度的所有因素，具有很好的借鉴意义。但是，沙拉辽夫成果的应用要依赖于统计数据，推广应用多有不便。近几年，不少专家在通航评估中，认为船舶在航道的偏航距应该是风致漂移量和流致漂移量的叠加，这种处理偏航距的方法虽然充分考虑了风对船舶操纵的影响，但是考虑问题过于宏观，并没有仔细考虑特殊航道的特殊水流对航道布置的影响，尤其是在弯曲、桥区航道，弯道环流变化较大，这种方法的可靠性更受到质疑。随着航道建设事业的发展，实船试验方法被应用到桥区航道布置的研究中，而且该方法也被认为是一种解决航道布置问题最为可靠的方法。但由于该方法耗费巨大，且实施困难，包括易于受到环境的影响、有发生碰撞等事故的风险。同时实船试验方法往往仅能开展特定工况下的研究，由于耗费巨大，不可能对各种工况进行系列试验，从一定层面上讲，实船试验数据具有不可复制性。总之，关于船舶操纵性对航道布置的影响，国内外的相关研究还存在一定的缺陷，因此对这一问题的研究也有待于进一步深入。

弯曲航道和桥区航道属于特殊航道，这些航道水流流态复杂，不利的水流条件易于诱发交通事故。弯曲航道不但存在纵向流速，而且还存在弯道环流，弯道环流是诱发船舶触岸的重要因素；桥区航道由于桥墩的存在，水流结构发生改变，桥墩附近存在“墩吸流”，也易于诱发船舶撞桥。因此，在考虑桥区航道和弯曲航道等特殊航道的优化布置设计时，不但要考虑船舶的操纵性，而且还应充分考虑它们的特殊水流条件。然而，关于这些特殊的水流条件在航道布置时并没有得到足够的重视，相关的研究文献也很少见。因此，有关特殊航道的优化布置设计问题有待进一步加强研究。

综上所述，从通航安全视野出发，前人对航道优化布置设计研究还有很多不充分的地方，还有很多热点问题亟待解决。本书主要针对以往研究的不足之处，从通航安全角度出发，研究航道优化布置设计问题，以促进我国水路运输事业的持续发展。

1.3 本书研究的主要内容

以船舶安全航行为目的，紧密结合船舶的操纵性能以及航道的水流条件，针对航道优化布置设计方面，进行了以下几方面的研究。

（1）在回顾和总结前人研究成果的基础上，确定本文的主要研究内容。

（2）从船舶通航安全角度出发，探讨航道富余水深的确定方法。

（3）研究顺直航道的优化布置设计方案，包括航道的宽度设计、航道的通过能力设计。

（4）研究船舶过弯操纵性，探讨弯曲航道宽度加宽值的确定方法。

（5）通过数值模拟，研究桥墩紊流漩涡区范围，提出桥区航道优化布置设计方案。

（6）研究基于统计理论的航道优化布置、航道评价方法。

（7）研究航道等级划分，提出航道等级划分的建议和对策。

（8）研究航道建筑物评价方法、评价体系。

（9）应用以上各章节的理论，以舟山江海联运航道优化布置设计为实例，探索航道优化布置设计流程。

2　航道富余水深

本章首先分析航道富余水深的相关影响因素，然后在此基础上探讨航道富余水深的确定方法。最后以我国黄金水道——长江为例，进一步阐明航道富余水深确定流程。

2.1　浅水中船舶阻力变化

船舶在浅水中航行时，水动力将发生显著变化，其运动状态也将随之改变，并影响操纵安全（浅水是一个相对的概念，同一水深，对于小船可能是深水，而对于大船可能是浅水）。船舶在深水中航行，流经船底的水流由于不受空间限制而具有三维空间流动的特点，深水船底流如图 2.1 所示。当船舶航行到浅水水域时，流经船底的水流由于空间限制，逐渐由三维流动变为向两侧的二维平面流动，浅水船底流如图 2.2 所示，使船体周围水压力的分布发生变化。浅水引起的船舶阻力变化主要包括以下几个方面：①由于船舶阻力与相对水流的流速、排水量、船型等多种因素有关，在浅水中，船体周围水流加速，船舶周围压力降低，引起船体下沉，吃水增加，进一步增加了船舶湿面积，船舶摩擦阻力加大。②船舶在浅水中航行，兴波增强，兴波阻力增大。③在浅水中，螺旋桨盘面附近涡流增强，推进器效率降低，船舶前进的相对阻力增加。

相关试验表明，船舶在浅水中航行，由于阻力增加，船体的附加质量和附加惯性矩较无限水域有明显增加，其增幅与水深吃水比、航道宽度、

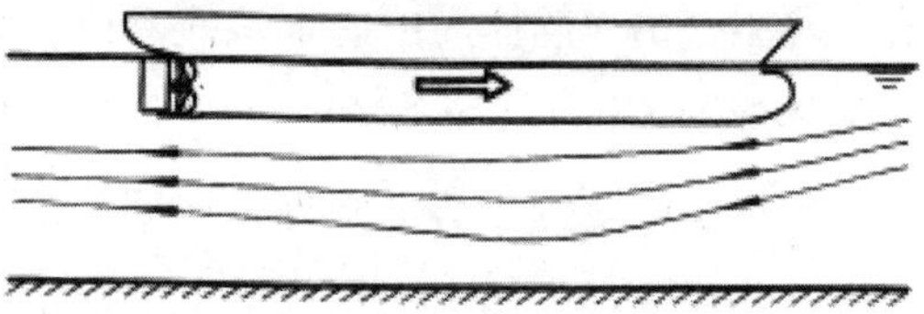

图 2.1　深水船底流特点

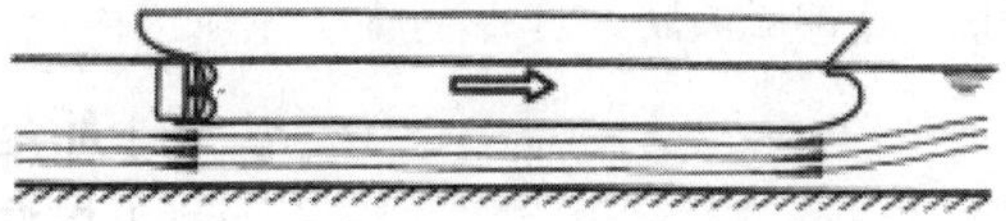

图 2.2　浅水船底流特点

船速、船型等多种因素有关。水深吃水比越小，航道宽度与船长之比越小，船舶方形系数越大，船速越高，船舶附加质量及附加惯性矩增加幅度越大。

2.2　浅水对船舶操纵性能的影响

在浅水中，由于船舶阻力和船体附加质量的增加，船舶的操纵性会发生明显变化。浅水对船舶操纵性的影响主要表现在以下几个方面：船速降低，船体下沉（吃水增大），舵效变差，纵倾加大，旋回性变差，航向稳定性变好等。

浅水中阻力增加是船舶降速的重要原因。当船舶在浅水中航行，由于船尾涡流和伴流增强，导致舵力降低，且水深吃水比越小，舵力下降越明显，导致船舶舵效变差。浅水中航行的船舶，其附加惯性矩、旋回阻尼力矩均有所增加，其中旋回阻矩的增加较虚惯矩增加得更快，因此浅水中船舶的旋回初径增大，船舶的旋回性变差。随着旋回阻尼力矩的增大，航向稳定性随着水深的减小而不断变好。

如前所述，在浅水中，由于船体周围的水流流动由三维流动变为二维流动，流速增加，船体周围水压力变化剧烈，船中低压区扩散至船尾，船体下沉和纵倾变化均较深水中更为显著。同理，如果航道宽度同时受到限制，船体周围流速进一步加快，船体下沉量比无限水域中更大。实验结果表明，受限水域中船体下沉及纵倾较无限水域中更加明显，使基线以下富余水深变得更小，不但使船舶操纵性能降低，而且严重时可能造成船舶擦底或搁浅，对船舶安全构成威胁，这也是船舶在航道内航行所面临的危险之一。

2.3　富余水深的含义

为了保证船舶航行安全，并使船体水下有足够的空间供船舶操纵，在考虑航行水域条件和气象条件基础上，船舶龙骨下水深留有一定的安全余量，该余量通常称为“富余水深”（UKC）。富余水深的定义为实际水深减去静止时的船舶吃水，如图 2.3 中的 UKC。根据长江引航中心资料，2008 年以来，进入长江的开普型海轮（船长在 275 m 以上，船宽大于 32.3 m，不能通过巴拿马运河，只能通过赫恩角或好望角连接大洋之间航线的船舶）逐年增加，年均增长 80%，2010 年突破 600 艘次。前几年，长江 12.5 m 深水航道延伸至太仓后，因经济效益明显，进江的开普型海轮进一步加大。因此，合理确定不同航段的富余水深，对提高船舶运输效率，保

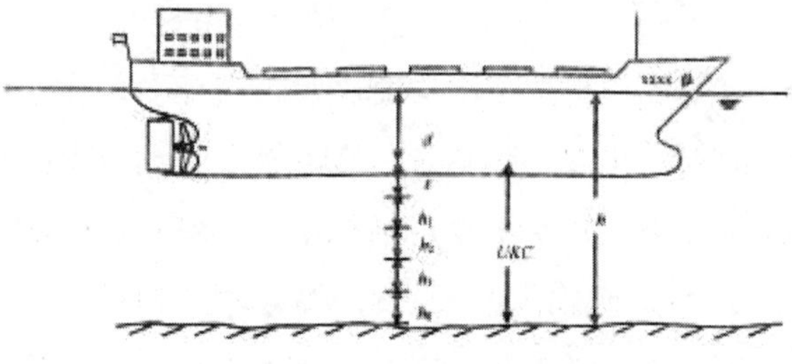

图 2.3　船舶富余水深

障航行安全，保证航道资源有效利用均具有重要意义。

确定富余水深时，首先要了解引起航道水深及船舶吃水变化的原因。影响富余水深的因素可归结为引起吃水变化的因素和引起水深变化的因素这两方面的内容。即富余水深与实际水深和船舶吃水有关，其中实际水深与潮汐有关，而潮汐是动态的，故富余水深也应该是动态的。

2.4 富余水深的确定方法

由于各航道的水文、气象条件不尽相同，因此不可能规定统一的富余水深标准。国际上各国根据航道的具体情况，结合经验做法，对富余水深都有具体的规定。目前富余水深的确定方法有：定值和定量方式、变值变量规定方式、根据当地潮汐特点确定方式。定值、定量方式是以一固定数值来限定各类船舶应使用的安全富余水深。它不分港池、航道以及港口锚地水域，均以同一固定数值表达。该规定方式适用于遮蔽条件较好的港口或水道。采用定值定量法规定港口安全富余水深的部分港口，如秦皇岛港、韩国的釜山港主航道船舶航行的富余水深 UKC 为 0.6 m，上海北槽水道 UKC 为 1.0 m，巴拿马运河 UKC 为 1.5 m。海峡、天然航道多采用变值变量规定方式规定富余水深，如马六甲海峡，主管机关建议的 UKC 为 3.5 m，出海口处 Horsburgh 灯塔航段 UKC 为 4.0 m，对于 VLCC 船舶航行在一拓浅滩航段、菲利普水道和新加坡海峡，航速不能大于 12 kn。经实船试验后，英国运输部建议深吃水船在航速 12 kn 时东北向航经多佛尔海峡时，根据各航向段的水文、气象的变化采用不同的 UKC。如当船舶遇有西南大风航向 18°时 UKC 为 9.5 m，航向 72°时 UKC 为 6.2 m，航向 35°时 UKC 为 5.1 m；西南航向航经多佛尔海峡时 UKC 数值规定在 5.1 ~ 7.6 m。欧洲引航协会（EMPA）对进出鹿特丹、安特卫普等港口附件航道富余水深的规定见表 2.1。日本濑户内海部分航道的富余水深标准根据船舶吃水进行分段，分别采用不同标准，其具体标准见表2.2。表2.1和表2.2中的d表示船舶吃水。

表2.1　欧洲引航协会规定的富余水深　　　　单位：m

航道类别	外海航道	港外航道	港内航道
富余水深（UKC）	$d\times20\%$	$d\times15\%$	$d\times10\%$

表2.2　日本濑户内海富余水深规定　　　　单位：m

船舶吃水	$d>12$	$9<d<12$	$d<9$
富余水深（UKC）	$d\times10\%$	$d\times8\%$	$d\times5\%$

有些港口和航道是根据潮汐特点来确定富余水深。如巴西Paranagua港的Galheta水道，主管机关规定大潮升时船舶UKC大于或等于海图水深的8%；小潮升时UKC大于或等于海图水深的15%。因受港池水深的限制，该港特别规定，在港内移泊的船舶，不允许使用主机，只能由港作拖船协助。影响富余水深的因素包括波浪、船体下沉、纵倾、最小深度及其他因素等，计算表达式为

$$\text{UKC} = S + h_0 + h_1 + h_2 + h_3 \tag{2.1}$$

式中，S为船舶航行时船体下沉量；h_0为其他富余深度；h_1为船舶航行龙骨下最小富余深度；h_2为波浪富余深度；h_3为船舶纵倾富余深度。

2.4.1　下沉量S的确定

船舶航行时船体下沉量是指由于船舶在水中的运动引起的吃水增加值。影响船体运动下沉的因素有航道断面形状、宽度和水深、航速、纵倾以及船舶相对于航道中心线的位置等。船体下沉量很难有固定的算式来确定。据估算，一艘船宽27 m、吃水11 m的油船，航行在宽90 m、水深13 m的封闭式航道内，当以7 kn速度航行时，其下沉量约为0.5 m，如航

速增加到 10 kn，则相应的船体下沉量达到近 2 m。如该船航行在类似的非封闭式的疏浚水道，其周围水深为 6 m，则其相应的下沉量分别降至 0.4 m 和 1 m。船体下沉量是确定富余水深最重要的因素。关于船体下沉量，有许多经验公式可借鉴。

1）Tuck 和 Taylor（1970）公式

1966—1967 年，Tuck 应用细长体理论首先对船舶下沉量和纵倾进行了理论计算。随后，在 1970 年，Tuck 和 Taylor 提出了一种近似计算公式

$$S_M = \frac{\nabla}{L_{pp}^2} \cdot \frac{F_{nh}^2}{\sqrt{1 - F_{nh}^2}}, \Delta t = C_\theta \cdot \frac{\nabla}{L_{pp}^2} \cdot \frac{F_{nh}^2}{\sqrt{1 - F_{nh}^2}} \tag{2.2}$$

式中，S_M 为船体平均下沉量；Δt 为吃水差变化量；L_{pp} 为船长（垂线间长）；∇ 为船舶排水体积；F_{nh} 为水深傅汝德数，$F_{nh} = \frac{v}{\sqrt{g \cdot h}}$，$v$ 为船速（m/s），h 为水深（m）；C_θ 为吃水差变化量系数。

此后，在此基础上，出现了许多解析式或半经验估算公式。

2）Hooft（1974）公式

Hooft 在 1974 年利用 Tuck 和 Taylor 于 1970 年提出的计算方法，给出了适用于开敞的浅水航道中的船首下沉量计算公式

$$S_b = 1.46 \frac{\nabla}{L_{pp}^2} \cdot \frac{F_{nh}^2}{\sqrt{1 - F_{nh}^2}} + 0.5 L_{pp} \sin\theta \left[\frac{\nabla}{L_{pp}^3} \cdot \frac{F_{nh}^2}{\sqrt{1 - F_{nh}^2}} \right] \tag{2.3}$$

式中，S_b 为船首下沉量；L_{pp}为船长（垂线间长）；∇ 为船舶排水体积；F_{nh} 为水深傅汝德数，$F_{nh} = \frac{V}{\sqrt{g \cdot h}}$，$V$ 为船速（m/s），h 为水深（m）。

3）Eryuzlu 和 Hausser（1978）公式

Eryuzlu 等 1978 年在 3 艘有球鼻首的油船模型试验研究基础上，得出水深吃水比 h/d 在 1.08 ~2.78 之间，适用于 VLCC 在无限水域的浅水航道中船首下沉量回归公式

$$S_b = 0.113\left(\frac{h}{d}\right)^{-0.27} B \cdot F_{nh}^{1.8} \tag{2.4}$$

式中，S_b 为船首下沉量；F_{nh} 为水深傅汝德数，$F_{nh} = \frac{V}{\sqrt{g \cdot h}}$，$V$ 为船速（m/s），h 为水深（m）；d 为船舶吃水（m）；B 为船宽（m）。

4）计算船体整体下沉量 Barrass（1981）公式

Barrass 于 1981 年在实船试验和模型试验基础上，给出了适合于 h/d 为1.08～2.78，方形系数 C_B 为0.5～0.9 的船舶在受限水域船首下沉量的回归公式

$$S_b = \frac{1}{30}C_B \cdot \left(\frac{S_m}{S_c - S_m}\right)^{\frac{2}{3}} \cdot V^{2.08} \tag{2.5}$$

式中，V 为船速（kn）；S_m 为船中水下横截面积（m^2）；S_c 为航道横截面积（m^2）。1981 年，Barrass 又对该公式进行了简化，对于开敞水域，按照下式计算

$$S_b = \frac{1}{100} \cdot C_B \cdot V^2 \tag{2.6}$$

在驾驶台张贴的求取船舶下沉量的计算公式，大都是采用这个计算公式。使用这个公式，一是计算简便，二是计算结果偏大、偏安全，所以实际航海中推荐使用这个计算方式。

5）Romisch（1989）公式

Romisch 在 1989 年对 Fuehrer 和 Romisch（1974）的计算公式进行了修正，提出受限水域中的船首下沉量的计算公式

$$S_b = C_V \cdot C_F \cdot K_d \cdot d \tag{2.7}$$

式中

$$C_V = 8\left(\frac{V}{V_{cr}}\right)\left[\left(\frac{v}{V_{cr}} - 0.5\right)^4 + 0.0625\right]$$

$$C_F = \left(\frac{10C_B B}{L_{pp}}\right)^2$$

$$K_d = 0.155\sqrt{\frac{h}{d}}$$

$$V_{cr} = 0.58\left(\frac{h}{d}\frac{L_{pp}}{B}\right)^{0.125}$$

6）Millward（1990）公式

Millward 于 1990 年在船模试验的基础上，给出了合适于方形系数 C_B 在 0.44 ~ 0.83，船长与水深之比 L/h 为 6 ~ 12 的船首下沉量的计算公式

$$S_b = \left(15.0C_b\frac{B}{L_{pp}} - 0.55\right)\frac{F_{nh}^2}{1 - 0.9F_{nh}}\frac{L_{PP}}{100} \tag{2.8}$$

Millward 指出，该公式可能对船体下沉量估计过大，但其结果是偏安全的。Millward 于 1992 年在 Tuck 公式格式的基础上，对其计算公式进行修正，给出了如下船首下沉量的计算公式

$$S_b = \left(61.7C_b\frac{B}{L_{pp}} - 0.6\right)\frac{F_{nh}^2}{\sqrt{1 - F_{nh}^2}} \tag{2.9}$$

7）Eryuzlu（1994）公式

Eryuzlu 等于 1994 年在模试验的基础上给出了适合于水深吃水比 h/d 为 1.1 ~ 2.5，方形系数 C_B 大于 0.80，船舶长宽比 L/B 为 6.7 ~ 6.8，船舶宽度吃水比 B/d 为 2.4 ~ 2.9 的散货船的船首下沉量的计算公式

$$S_b = 0.298\frac{h^2}{d}\left(\frac{V}{\sqrt{g \cdot d}}\right)^{2.289}\left(\frac{h}{d}\right)^{-2.972}K_b \tag{2.10}$$

式中，K_b 为航道影响系数，按照下列情况取值：$\frac{W}{B} < 9.61$ 时，$K_b = 3.1/\sqrt{\frac{W}{B}}$；$\frac{W}{B} \geqslant 9.61$ 时，$K_b = 1$（开敞水域）。

8）芳村估算公式

$$S_b = 1.5d \cdot C_b \cdot B \cdot F_{nh}^2 \tag{2.11}$$

同一种船型，用不同的公式进行计算的结果差别是很大的，特别是在船速大于 8 kn 时，其差别随着船速的提高而越来越大。任何一种船舶航行下沉量的计算方法都需要大量的实船测量数据进行验证。由于目前缺乏这方面的实测资料，在应用上述计算公式时，应根据各公式的应用范围、船型特点、航道特点以及通航密度等因素进行选取。从安全的角度出发，应该选取较大的下沉量值，但从经济角度考虑，也不宜预留过大的富余水深。因此，对于开敞的浅水水域，建议可采用 Barrass（1981）公式计算。

2.4.2 龙骨下最小富余深度 h_1 的确定

龙骨下最小富余深度也称为底质富余深度，是指考虑船舶航行下沉量后船舶基线至海底的最小富余深度，有资料也称其为净富余深度（net under keel clearance）。该富余深度有两个作用，其一是防止船舶擦底或搁浅；其二是保证船舶具有一定的操纵性能。龙骨下最小富余深度是一项综合影响因素所要求的富余量，主要与水域底质情况、船舶大小、水深测量和观测潮位误差、海底障碍物、船间效应、岸壁效应、船泵与冷凝器进水口的要求、水密度、人为因素以及不可预见的其他误差等有关。全部定量考虑这些因素的数值是很困难的，所以一般以底质条件进行确定，见表 2.3。

表 2.3　富余深度与底质之间的关系

底质	富余深度/m
软性底质（泥底）	0.25
中性底质（砂底）	0.60
硬性底质（岩底）	0.90

2.4.3　波浪富余深度 h_2 的确定

船舶在波浪中航行时，除了纵荡、横荡和首摇3个自由度的运动外，还将产生纵摇、横摇和垂荡3个自由度的运动。后3个运动将引起船舶吃水量的增加。波浪引起的吃水量的增量大小与船型、排水量、船速、波高、波周期、波向和水深等多种因素有关。排水量越大、波高越高、船速越高，波浪引起的吃水量增量越大。波浪富余深度的计算方法比较少见，在实际应用中可根据航行水域的遮蔽程度来决定波浪富余深度。龙骨下的最小富余深度和波浪富余深度相加称为船舶操纵深度，对于大型船舶，至少应保证1.0 m。表2.4给出了不同条件下的波浪富余深度取值。

表2.4　不同条件下波浪富余深度的取值

遮蔽条件	富余深度/m
全遮蔽（港湾水域）	0
半遮蔽（垂荡较小）	0.15
无遮蔽（港外航道）	0.30

2.4.4　船舶纵倾富余深度 h_3 的确定

船舶在静水中的浮态决定了船舶最大吃水的大小。平吃水时最大吃水等于平均吃水。纵倾和横倾都将引起最大吃水的增加。在计算富余水深时，应采用首、尾最大吃水。船舶纵倾富余深度确定如下：船舶纵倾将引起吃水的增加，根据船舶首尾吃水计算原理，可用 $\tan\varphi\left(\frac{L_{pp}}{2+x_f}\right)$ 来确定 h_3。其中，φ 为纵倾角；L_{pp} 为船长；x_f 为船舶漂心位置，由于 x_f 一般较小，如果忽略不计，可简化为 $h_3=\tan\varphi\left(\frac{L_{pp}}{2}\right)$。$h_4$ 为船舶横倾富余深度，其值可以近似地等于$\frac{B}{2}\tan\theta$，θ 是横倾角。船舶横倾富余深度数值较小，一般讨论较少。

2.4.5 其他富余深度 h_0 的确定

其他富余深度包括水密度减小、潮汐测量误差和海图水深误差等引起的船舶吃水的增加量和水深的变化量。

1）水密度减小的影响

水密度的减小，使浮力降低、吃水增加。设船舶由海水进入淡水水域，则吃水增加量由下式计算

$$\Delta d = d \cdot \frac{C_B}{C_W} \cdot \left(\frac{\rho_1}{\rho_2} - 1\right) \tag{2.12}$$

式中，Δd 为吃水增加量；d 为船舶原平均吃水；C_B 为船舶方型系数；C_W 为船舶水线面系数；ρ_1 为海水密度；ρ_2 为淡水密度。

2）气压对水位的影响

根据气压场的变差分析得出，大气压每增加 1 hPa，海平面就下降，水位相应地降低 1 cm；反之，气压每减少 1 hPa，海平面上升，水位相应地上升 1 cm。因此，在冬季高压笼罩时，应该充分考虑到气压变化引起的水位升降。

2.5 长江航道富余水深

长江是我国的黄金水道，据统计，至 2010 年末，长江水系全社会水路运输船舶保有量约 15.54 万艘，净载重量约 1.29×10^8 t。随着国内外贸易的发展，长江航道的运输功能越来越重要。因为在长江干线波浪较小，密度也基本上变化不大，船舶纵摇、横摇因素影响也较小，因此可暂不考虑

h_0、h_2、h_3、h_4 对富余水深的影响，这样可得到以下简单的长江航道安全富余水深计算公式

$$\text{UKC} = S_b + h_1 \tag{2.13}$$

式中，S_b 为船舶航行时船体下沉量，$S_b = 2.4\frac{\nabla}{L_{pp}^2}\cdot\frac{F_{nh}^2}{\sqrt{1-F_{nh}^2}}$；$h_1$ 为船舶航行龙骨下最小富余深度。

根据上述富余水深的计算公式，可以计算出长江干线散货船在不同吨位不同航速情况下所需要的最小富余水深。表2.5、表2.6、表2.7 分别计算出了在水深吃水比$\frac{H}{d}=1.5$，航速3～9 kn（在过浅水区域时一般航速要达到3 kn左右才能保证舵效，而在过浅水域航速超过10 kn时船舶动吃水非常明显，故计算时选取航速为3～9 kn）时的受限水域散货船富余水深的计算结果（该结果为土质河床质，若为石质河床质富余水深再增加0.20 m）。

表2.5　长江干线内河3 000总吨散货船不同航速下的下沉量及富余水深

航速/kn	3	4	5	6	7	8	9
下沉量/m	0.033	0.060	0.097	0.145	0.208	0.291	0.403
龙骨下最小富余深度/m	0.30	0.30	0.30	0.30	0.30	0.30	0.30
富余水深/m	0.333	0.360	0.397	0.445	0.508	0.591	0.703

表2.6　长江干线内河7 000总吨散货船不同航速下的下沉量及富余水深

航速/kn	3	4	5	6	7	8	9
下沉量/m	0.044	0.079	0.125	0.187	0.253	0.358	0.473
龙骨下最小富余深度/m	0.50	0.50	0.50	0.50	0.50	0.50	0.50
富余水深/m	0.544	0.579	0.625	0.687	0.753	0.858	0.973

表 2.7　长江干线内河 10 000 总吨散货船不同航速下的下沉量及富余水深

航速/kn	3	4	5	6	7	8	9
下沉量/m	0. 044	0. 079	0. 126	0. 192	0. 268	0. 363	0. 475
龙骨下最小富余深度/m	0. 50	0. 50	0. 50	0. 50	0. 50	0. 50	0. 50
富余水深/m	0. 544	0. 579	0. 626	0. 692	0. 768	0. 863	0. 975

通过上述计算结果分析可知：同一航速下，随着船舶吨位的增加，吃水增加，散货船在受限水域的下沉量逐渐增加，但随着吨位增大下沉量增幅不是太明显；同一艘散货船，随着航速的增加船舶在浅水区的下沉量明显增加，并且随船速增加的幅度比较明显。

2. 6　本章小结

本章分析了影响航道富余水深的因素，通过比较和分析得出了如下结论。

（1）影响航道富余水深的因素包括：船舶航行时船体下沉量、其他富余深度、船舶航行龙骨下最小富余深度、波浪富余深度、船舶纵倾富余深度。

（2）提出了船舶航行时船体下沉量、其他富余深度、船舶航行龙骨下最小富余深度、波浪富余深度、船舶纵倾富余深度的确定方法。

（3）以我国黄金水道长江为例，提出了航道富余水深确定流程。

3　顺直航道优化设计

本章主要研究顺直航道的船舶运动特性，并在此基础上建立船舶航迹带宽度数学模型、风致漂移及流致漂移数学模型；基于以上数学模型，提出顺直航道宽度、顺直航道通过能力的确定方法。

3.1　航道宽度对船舶安全的影响

航道宽度对船舶造成的影响主要是船间效应和岸壁效应。船舶在航道中航行，如果航道宽度不够，船舶靠岸太近，靠近岸壁一侧的水流加速、压力降低，产生使船舶靠近岸边的附加作用力，即岸吸力，它可能导致船舶触碰岸壁。同时在船首部位还会产生一个使船首偏离岸壁的力矩，即岸推力矩。岸吸力和岸推力矩是产生岸壁效应的重要原因。岸壁效应可导致船舶的船尾触碰岸壁。岸壁效应对船舶运动的影响如图 3.1 所示。为了揭示影响岸壁效应的因素，很多学者对岸壁效应进行了大量理论和试验研究，研究结果表明，对于给定的船舶，岸壁效应与下列因素有关。

（1）船舶和岸壁之间的距离。一般来讲，横向力和首摇力矩随距离的减小而增大，但距离很小时，首摇力矩可能会减小。

（2）前进速度。横向力和首摇力矩大致与前进速度的平方成正比。特别是在浅水中，受船速的影响更加明显。

（3）水深与吃水比。当水深吃水比在 1.1 ~ 1.25 时，船舶将发生岸吸现象；当水深吃水比小于 1.1 ~ 1.25 时，船舶将发生岸推现象，且岸推力矩显著增大。

（4）螺旋桨的作用。右旋螺旋桨正车时，船尾发生岸吸，在水深吃水比较小的情况下，岸吸可能会变成岸推。

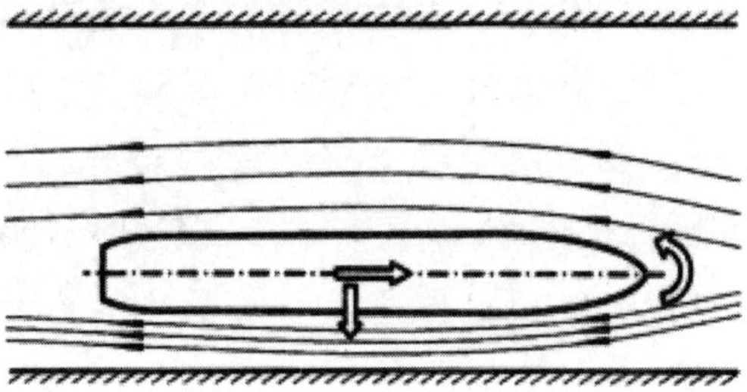

图 3.1　岸壁效应对船舶的影响

接近岸壁航行时，为了抵消岸吸力的作用，抑制激烈的岸壁效应，正确的操船措施是向岸壁方向压某一舵角。通过连续调整压舵角可使船舶航迹平均地保持一定的近岸距离航行。在近壁区航行，还应适当考虑降速。当船舶驶于沿船宽方向有明显倾斜的浅水航道时，船舶也将出现与岸壁效应相类似的倾斜效应，即船舶整体向浅水方向横移，船首则向水深的一侧转头。1934 年英国军舰“纳尔逊”号出朴次茅斯港时而触礁，就是由于这种强烈的岸壁效应作用引起的。航道倾斜效应本质上是一种岸壁不垂直水面时的岸壁效应。为了消除倾斜效应，船舶也应考虑适时降速和向浅水方向适当压舵。

前进中的两船在航道中近距离航行时，在两船之间会产生流体作用，将使船舶出现相互排斥、吸引、转头、波荡等现象，这些现象被综合称为船间效应。船间效应是有害的流体现象，在船舶操纵中应引起充分注意，防止造成事故。船间效应引起船舶相互吸引与排斥的原因是：航行中的船舶，首位处水位升高，压力增高从而给靠近航行的他船以排斥作用，而船中部位附近水位下降，压力降低，给靠近航行的他船以吸引作用。船间效应引起船舶波荡的原因为：船舶航行所产生的波浪的水质点本身并不随波形移动，在深水中，波浪的水质点以一定的速度作做圆运动，当水质点处于波峰时，其运动方向与波的传播方向相同（向前运动），当水质点处于波谷时则运动方向与波浪的传播方向相反。处于他船发散波中的船舶，如果船首向与波传播方向接近平行，则当处于发散波之波峰之前时，由于水质点的运动方向与波的传播方向即船舶前进方向一致，使船被加速；当处于波谷时，由于水质点运动方向与波的传播方向相反而被减速。这种由于相对于波的位置不同而受到加速或减速的现象，即是波荡。船间效应中对船舶影响较大的是产生转头作用，引起船舶转头的原因为：处于他船发散波中的船舶，当其船首向与他船发散波方向存在夹角时，即船舶斜向与发散波遭遇时，由于波中水质点做轨圆运动，导致波峰处的船体部分受波的前进方向的力，而波谷处的船体部分则受相反方向的力，其结果构成了力矩使船首转头。船间效应引起的船舶转头见图 3.2。

船间效应的大小取决于两船相互作用力、作用时间以及船舶排水量大小。因此船间效应的大小与下列因素相关。

（1）船间间距。两船船间间距越小，相互作用力越大。船间作用力的大小约与两船间横距的 4 次方成反比；船间作用力矩约与两船间距的 3 次方成反比。一般当两船间的横距小于两船船长之和时，就会直接产生这种作用；两船间的横距小于两船船长之和的一半时，相互作用明显增加。两船过度接近则有碰撞危险。

（2）船速。船速越大，船体周围压力变化越剧烈，兴波也越激烈，船间相互作用也越大。船间作用力和作用力矩约与船速的平方成正比。

（3）在浅窄的受限水域航行时，由于船体周围的水压力变化及兴波均较深敞水域中更为激烈，因此船间效应也就比深水中更为强烈。

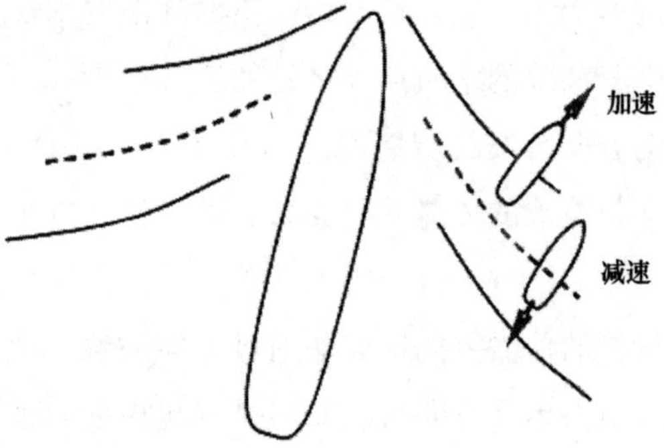

图 3.2　船间效应引起的转头运动

3.2　交通事故与航道宽度之间的关系

船舶避让、旋回、制动、航行等行为都需要一定的水域条件。如果航道宽度不够，就会诱发交通事故。图 3.3 为统计得出的某航道宽度与事故概率之间的关系。图中 k（%）为事故概率；B（m）为航道宽度。图 3.3 表明，航道宽度越小，船舶出现交通事故的概率越高。但是由于受到自然条件、资源利用等因素的影响，航道宽度也不可能无限制加宽。航道宽度设计应该满足以下两个条件：①满足自然条件；②确保通航安全。

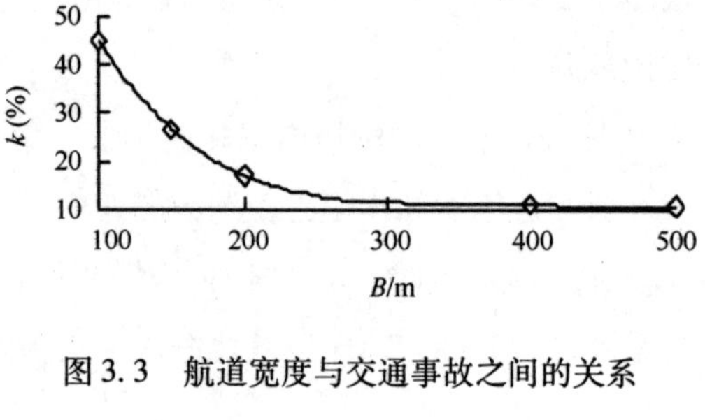

图 3.3　航道宽度与交通事故之间的关系

3.3　顺直航道宽度设计

3.3.1　影响航道宽度的因素

航道宽度设计时应考虑的因素包括：通航船舶的航迹带宽度、船与船之间的安全间距、附加宽度、船与岸壁之间的安全间距等。航道的附加宽度主要是由于船舶操纵性而引起的航道加宽值。对于顺直航道而言，最重要的附加宽度应该是风致漂移量及流致漂移量。船与船之间的安全间距主要应考虑船间效应的影响。船与岸壁之间的安全间距主要应考虑岸壁效应的影响。

1）船舶的航迹带宽度

船舶在航道中的航行示意图如图 3.4 所示。如果船舶的船长为 L，船宽为 b，船舶航行偏离航道轴线的夹角为 α，则船舶航向所占的航迹带宽度 B_{ts} 为

$$B_{ts} = |L \times \sin\alpha| + |b\cos\alpha| \tag{3.1}$$

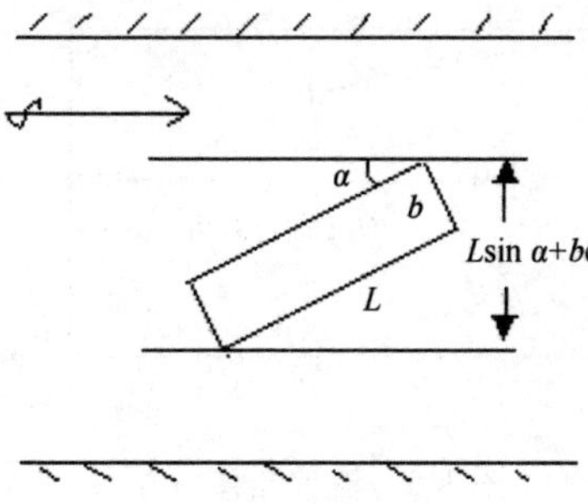

图 3.4　船舶航迹带宽度

2）航道附加宽度

航道的附加宽度主要是考虑船舶受风和流等动态因素的影响而产生的漂移量。船舶受风的作用不但偏转，而且还会漂移。船舶受流的作用，不但舵效受到影响，而且也会产生漂移。船舶在流中航行如图 3.5 所示，假定：α(°）为船首向与 Y 轴的夹角，我们称之为航向角；β(°）为水流流向与 Y 轴的夹角，我们称之为流向角；O 为船舶的重心；s(m）为船舶直线航行距离或称保向航行距离。将船速与流速向坐标轴上分解，我们可得到纵向上（X 轴上）的速度分量为

$$U_X = U_c \sin\beta + U_s \sin\alpha \tag{3.2}$$

在横向上（Y 轴上）的速度分量为

$$U_Y = U_c \cos\beta + U_s \cos\alpha \tag{3.3}$$

在船速 U_s（m/s）和流速 u_c（m/s）已知时，我们假定船舶直线航行距离为 s，则船舶以此速度和航向航行的时间为 T(s)

$$T = s/(|U_c \cos\beta + U_s \cos\alpha|) \tag{3.4}$$

这样在沿航道宽度方向上的漂移量为 ΔB_1(m)

$$\Delta B_1 = U_X \times T = U_X \times S/(|U_c \cos\beta + U_s \cos\alpha|) \tag{3.5}$$

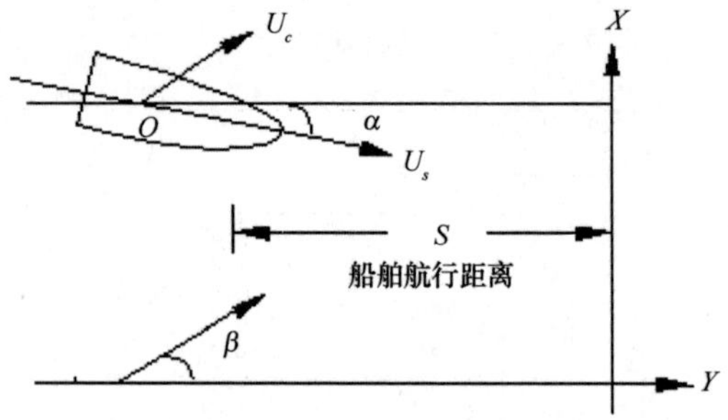

图 3.5　流致漂移

以上流致漂移量计算公式存在两个假设条件：①船舶在这段航程内必须是保速、保向；②水流在这段航程内流速和流向都不发生变化。这在有

些航道内基本上是不可能的，但我们认为它在小范围内的变化很小，计算中可视为恒定不变。

船舶静止中受风偏转，一般最后以趋向正横受风向下风漂移，当风动力 F_α 与水动力 R_W 相等时，船舶将匀速漂移。而船舶在航行中受风时，将向下风侧产生漂移，若以保向为前提，船舶航迹与航向并不一致，斜航中的漂角的大小取决于航行中的漂移速度与船舶纵向运动速度。考虑到船舶在受横风时，风动力作用对船舶影响最大，则航行中船舶风致漂移速度可按下式计算：

$$V'_T = V_T \cdot \mathrm{e}^{-0.14V_S} = \lambda K V_a \cdot \sqrt{\frac{B_a}{B_w}} \mathrm{e}^{-0.14V_S} \tag{3.6}$$

式中，V'_T 为航行中船舶风致漂移速度（m/s）；V_T 为船舶静止中因风漂移速度（m/s）；V_S 为风中船速（kn）；λ 为浅水修正系数；K 为系数，一般取 0.038 ~ 0.041；B_w 为船体水线下侧面积；B_a 为船体水线上侧受风面积。公式（3.6）为船舶在深水域中停船受横风作用时的漂移速度，当船舶在航道或受限水域中航行时，应按照实际水深与吃水之比 H/d，对其进行相应的浅水修正。修正系数 λ 如表 3.1 所示。

表 3.1　船舶浅水中漂移的修正系数 λ

船舶种类	$H/d = 1.1$	$H/d = 1.5$	$H/d = 2.0$
普通型船	0.6	0.7	0.8
超大型船	0.5	0.6	0.7

3）船间距离及船岸距离

船舶之间由于受到水动力及水动力矩的作用会产生船间效应，船间效应是一个较复杂的问题，目前关于船间效应范围的大小只停留在定性分析层面，至今还没有关于船间效应范围的精确表达式。在设计航道宽度，考虑船舶之间安全间距的时候，必须要考虑到船间效应。日本学者藤井在统计大量船舶交通事故数据的基础上，提出了船舶领域的概念。船舶领域模型现普遍应用于分析船舶避碰原理及航行水域的船舶交通流量状况。船舶领域是一船驾驶员将其他船舶和固定物体保持在外的围绕该中心船的有效水域范围。该领域一般可认为是一个椭圆形，领域的大小与船舶尺度、航速以及环境状况有关，对于桥区或限制水域，当船舶以正常速度航行时，其满域尺寸的平均值在船首尾线方向上一般取6倍船长，横向上一般取1.6倍船长。船舶领域被认为是综合考虑了船间效应等多种因素的综合作用。船舶领域模型如图3.6所示。前面已经提到过“当两船间的横距小于两船船长之和时，就会直接产生船间效应作用，两船间的横距小于两船船长之和的一半时，船间效应作用明显增加”。综合考虑船间效应及船舶领域模型后可以认为，对于双向航道，船舶之间的安全横间距 d 应为

$$d > 0.8(L_1 + L_2) - 0.5(b_1 + b_2) \tag{3.7}$$

式中，L_1 为上水船船长；b_1 为上水船船宽；L_2 为下水船船长；b_2 为下水船船宽。

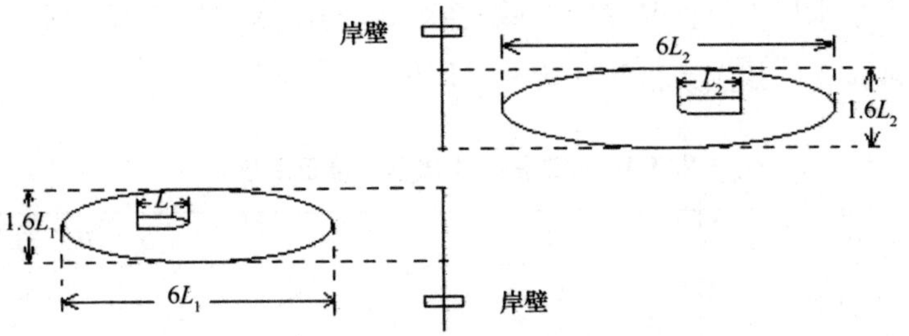

图3.6　船舶领域模型

关于船舶与岸壁之间的安全间距，相关规范认为，船舶与岸壁之间的安全间距可按照（$L \times \sin\alpha + b$）/4 来计算（α 为船舶偏离航道轴线的夹角，L 为船长，b 为船宽）。但是从安全角度出发，船舶与岸壁之间的安全间距也可参考图3.6中的船舶领域模型，因此船舶与岸壁之间的安全间距 c 可取为 $0.8L$（L 为船长），即 $c = 0.8L - 0.5b$（b 为代表船型的船宽）。

3.3.2 航道宽度的确定

在布置顺直航道宽度时，首先应确定通航航道的功能，也就是说确定通航船舶的代表船型。然后依据代表船型的尺度（船长和船宽）来确定航道宽度。对于单向通航航道，其航道宽度应该是代表船型航迹带宽度、船与岸边的距离等因素的叠加。对于双向通航航道，其航道宽度应该是上水船与岸边的间距、下水船与岸边的间距、船间间距、上水船航迹带宽度、下水船航迹带宽度等因素的叠加。如某航道主要供2 000 ~3 000 吨级船舶通航，代表船型尺度如下：2 000 吨级船舶的船长 77.3 m、船宽 14.8 m；3 000吨级船舶的船长 98 m、船宽 16 m。船舶在航道内的偏航角度一般在3°~5°，如果航道设计的偏航角度按照3°、分段航道的长度按照500 m 来设计，则设计的结果分别见表3.2 和表3.3。

表3.2 单向通航航道宽度

代表船型	流态	风速	载货情况	航道宽度/m
2 000 吨级散货船	涨潮 (0.65 m/s)	6 级 (13.8 m/s)	满载	75.31
			压载	106.32
	落潮 (1.00 m/s)	6 级 (13.8 m/s)	满载	78.16
			压载	106.54
3 000 吨级杂货船	涨潮 (0.65 m/s)	6 级 (13.8 m/s)	满载	87.63
			压载	119.63
	落潮 (1.00 m/s)	6 级 (13.8 m/s)	满载	89.63
			压载	119.09

表3.3 双向通航航道宽度

编号	会遇状态	流态	载货情况	风速	航道宽度/m
1	两艘2 000 吨级船舶对驶	涨潮 (0.65 m/s)	两艘均满载	3 级 (5.4 m/s)	120.05
				6 级 (13.8 m/s)	145.91

续表

编号	会遇状态	流态	载货情况	风速	航道宽度/m
2	两艘2 000 吨级船舶对驶	涨潮（0.65 m/s）	两艘均空载	3 级（5.4 m/s）	144.31
				6 级（13.8 m/s）	207.93
3	两艘2 000 吨级船舶对驶	落潮（1.00 m/s）	两艘均满载	3 级（5.4 m/s）	127.97
				6 级（13.8 m/s）	151.61
4	两艘2 000 吨级船舶对驶	落潮（1.00 m/s）	两艘均空载	3 级（5.4 m/s）	150.17
				6 级（13.8 m/s）	208.37
5	两艘2 000 吨级船舶对驶	涨潮（0.65 m/s）	一艘满载一艘空载	3 级（5.4 m/s）	132.18
				6 级（13.8 m/s）	176.92
6	两艘2 000 吨级船舶对驶	落潮（1.00 m/s）	一艘满载一艘空载	3 级（5.4 m/s）	139.07
				6 级（13.8 m/s）	179.99
7	一艘2 000 吨级船舶与一艘3 000 吨级船舶对驶	涨潮（0.65 m/s）	2 000 吨级满载3 000 吨级空载	3 级（5.4 m/s）	140.02
				6 级（13.8 m/s）	190.91
8	一艘2 000 吨级船舶与一艘3 000 吨级船舶对驶	涨潮（0.65 m/s）	2 000 吨级空载3 000 吨级满载	3 级（5.4 m/s）	139.57
				6 级（13.8 m/s）	190.05
9	一艘2 000 吨级船舶与一艘3 000 吨级船舶对驶	涨潮（0.65 m/s）	两艘均空载	3 级（5.4 m/s）	152.23
				6 级（13.8 m/s）	222.14
10	一艘2 000 吨级船舶与一艘3 000 吨级船舶对驶	涨潮（0.65 m/s）	两艘均满载	3 级（5.4 m/s）	127.54
				6 级（13.8 m/s）	158.82
11	两艘3 000 吨级船舶对驶	涨潮（0.65 m/s）	两艘均空载	3 级（5.4 m/s）	158.42
				6 级（13.8 m/s）	244.75
12	两艘3 000 吨级船舶对驶	涨潮（0.65 m/s）	两艘均满载	3 级（5.4 m/s）	138.58
				6 级（13.8 m/s）	170.00
13	两艘3 000 吨级船舶对驶	涨潮（0.65 m/s）	一艘满载一艘空载	3 级（5.4 m/s）	145.86
				6 级（13.8 m/s）	202.09

分析表3.2和表3.3中的数据可以得出以下结论：对于单向航行航道，在通常的流速条件和气象条件下，航道宽度的设计应大于120 m；对于双向通航航道，在通常的流速条件和气象条件下，航道宽度的设计应大于250 m。

3.4 航道通过能力确定

航道的通过能力很难用具体的数学公式来描述。在确定航道的通过能力时，要考虑的因素包括：航道宽度、航道水深、航道的净空高度、船舶领域以及气象条件等。航道的通过能力可以用航道的交通容量来表述。就单向通航航道而言，如果只考虑理想交通情况（净空高度及水深均满足通航要求，航道内通航船舶均是同一种船舶），其基本交通容量 C_b 为

$$C_b = \rho_{max} \times B \times v = Bv/(rs) \tag{3.8}$$

式中，v 为船舶速度；ρ_{max}为最大船舶密度，等于 $1/(rs)$；r 和 s 分别为船舶领域的长短半径；B 为航道宽度。通过以上分析可以看出，ρ_{max}取决于船舶领域的形状、大小及排列方式。当领域为椭圆形且最大限度排列时，$\rho_{max} \approx 1.15/(rs)$。由于现实航道并不存在理想交通情况，因此在确定实际航道的交通容量时，式（3.8）前面应加一系数，也就是说，实际航道的交通容量应表述为

$$C_b = \xi\rho_{max} \times B \times v = Bv/(rs) \tag{3.9}$$

式中，ξ 为小于1的系数。ξ 应综合考虑通航船舶的船型、气象条件等诸多因素来确定。

3.5 本章小结

本章分析了船舶在顺直航道航行的操纵性，并在此基础上探索了顺直

航道宽度确定方案和航道通过能力评估方法，得出了以下重要结论。

（1）影响顺直航道的因素包括船舶的航迹带宽度、风致漂移量、流致漂移量、船间间距、船岸间距等，顺直航道的宽度应该是以上因素的叠加。

（2）提出了计算船舶的航迹带宽度、风致漂移量、流致漂移量、船间间距、船岸间距的数学模型。

（3）提出了航道通过能力计算模型。

4 弯曲航道宽度设计

本章以船舶过弯操纵性为基础，研究弯曲航道宽度加宽值，提出弯曲航道宽度设计方案。

4.1 弯曲航道水流特性

弯曲航道不仅自然弯曲甚至非常狭窄，限制了船舶过弯的尺度，增加了船舶操作的难度。弯曲航道水深分布不均匀，一般凹岸一侧水深较大，凸岸一侧水深较小。凸岸则常淤积形成边滩，并附有沙嘴、沙脚等淤积物，有的潜伏水下并远伸入航道中，上行船舶沿岸航行时如不慎易搁浅。弯曲河段因主流线弯曲，两岸水势有高低之分，常伴有背脑水、扫弯水、斜流和回流等不正常水流，对船舶航行安全非常不利。所以，弯曲航道对船舶航行安全有着有别于船舶直道航行的特殊影响。弯道上的水流作曲线流动，由于离心力的作用使水面产生横比降，同时表层水流流向凹岸，而底层水流则流向凸岸，形成一个封闭的环状水流，这种环状水流与纵向水流相结合就形成螺旋流。弯曲航道水流具有以下明显特点。

1）弯道水流动力轴线随弯道变化

水流动力轴线，也称主流线，作为航道沿流程各断面最大垂直线平均流速所在位置的连线，它反映了水流最大动量所在位置，对航道河床演变有很大影响。水流动力轴线的主要特点是在弯道进口段或在弯道上流的过渡段，常偏向凸岸，进入弯道以后，即逐渐向凹岸转移，至弯顶稍上部位才偏靠凹岸，如无特殊原因可一直延续到弯道出口以上不远处。主流线“低水傍岸”“高水居中”，顶冲点“低水上提”“高水下挫”。在枯水期，由于水位低，水流流量小，凸岸边滩出水，对水流约束作用大，故主流线曲率较大，靠近凹岸流动；而洪水期的水位高，水流动量大，惯性作用强，边滩被淹没，对水流的约束减小，致使主流线曲率变小，离开凹岸，趋向航道中央。与此相应，顶冲点位置也不同，低水期靠近弯顶附近和弯顶上部，高水期一般在弯顶以下，这就使水流对凹岸顶冲点的位置随着水流动力轴线的变化，出现“低水上提”“高水下挫”的现象。

2）弯曲航道水流的横向环流

横向环流是弯道内水流受离心力作用所形成的上部面流偏向凹岸，下部底流偏向凸岸的离心环流。是由离心力、重力和水流摩阻力三者综合作用的结果。弯道环流是一种纵轴环流、俗称螺旋流；它必然形成相对于纵向水流的横向分速，故也常称为横向环流。环流在沿程断面内的分布，从上游往下游看：右弯为逆时针，左弯为顺时针。这一环流特性是下行船队应特别注意的。

4.2 航道弯曲对通航的影响

处于弯曲航道的船舶是水流—河床—船舶（队）三者相互作用的统一体，将受到水流力、环流力、重力和风力的共同作用，整个船舶水线以下的浸入部分受到的是一股纵向螺旋流的作用，其所受的纵向水流速和横向流速沿船队纵轴线均不一致；而在船舶水线以上的部分还将受到风力的作用，因为在正常水位时它正好和环流力反向，整个船舶受到一个如扭麻花似的扭力。此力随船队的长度和流速的大小以及航道弯曲度的大小而变化。弯曲航道不但弯曲，有的甚至狭窄，限制了船舶过弯道的尺度，增加了船舶操作难度。弯曲航道水深分布不均匀，一般凹岸一侧水深较大，凸岸一侧水深较小。凸岸常淤积边滩，并附有沙嘴、沙脚等淤积物，有的潜伏水下伸入航道中甚远，上行船舶沿岸航行不慎易吸浅。弯曲河段主流线弯曲，两岸水势有高低之分，常伴有背脑水、扫弯水、斜流和回流不正常水流，对船舶航行安全不利。

为说明交通事故数与航道曲率半径之间的关系，很多通航专家进行了统计研究。表 4.1 是在苏联某大于 2 000 km 的弯曲航道上观测到的通航事故与航道曲率半径之间的关系数据。表 4.1 中相关参数的含义如下：n_R 为弯曲航段数量；n_a 为事故数；n_a/n_R 表示事故数与弯曲航段数的比例。

表 4.1 航道曲率半径与交通事故的关系

弯曲半径界限/m	弯曲半径中值 R_i/m	n_R	n_a	n_a/n_R
500 ~ 1 500	1 000	79	99	1.25
1 500 ~ 2 500	2 000	122	143	1.27
2 500 ~ 3 500	3 000	47	36	0.76
3 500 ~ 4 500	4 000	20	17	0.86

为求取相关作用关系式，采用最小平方方法。回归理论方程采用方程式 $k_R = a/R + b$（R 为航道曲率半径，k_R 为相对事故数）。对应于表 4.1 中的数据和试验条件，应取 a、b 参数。若将表 4.1 中的弯曲半径中值 R_i 及运用公式 $k_R = a/R + b$ 计算而得到的 k_i 值代入回归方程，即可得到 k_R 的近似值。设近似等式的误差为

$$\xi = k_R - k_i = f(R_i) - k_i \tag{4.1}$$

根据最小平方法的最佳等式标准，必须选择 a、b 参数，使偏差平方和 $u = \sum_{i=1}^{n} \xi_i^2$ 为最小值。将 ξ 值代入得

$$u = \sum_{i=1}^{n} \left(\frac{a}{R_i} + b - y_i \right)^2 \tag{4.2}$$

利用使 u 为最小值的条件，可以导出

$$\begin{cases} a\sum_{i=1}^{n}\frac{1}{R_i^2}+b\sum_{i=1}^{n}\frac{1}{R_i}=\sum_{i=1}^{n}\frac{y_i}{R_i} \\ a\sum_{i=1}^{n}\frac{1}{R_i}+nb=\sum_{i=1}^{n}y_i \end{cases} \tag{4.3}$$

设我们所讨论的实例 $n=4$，将表 4.1 中所列数据代入，得方程

$$0.001\,4a+208b=2.3;\quad 0.002\,1a+4b=4.03 \tag{4.4}$$

解方程得：$a=586.0$，$b=0.7$。因此，在所研究的航段里，航道曲率半径与相对事故之间存在着下列关系

$$k_R=\frac{586}{R}+0.7 \tag{4.5}$$

下面绘制了航道曲率半径与相对事故之间的关系图（图 4.1），该图表明：弯曲航道的曲率半径越大，则发生交通事故的可能性越小。

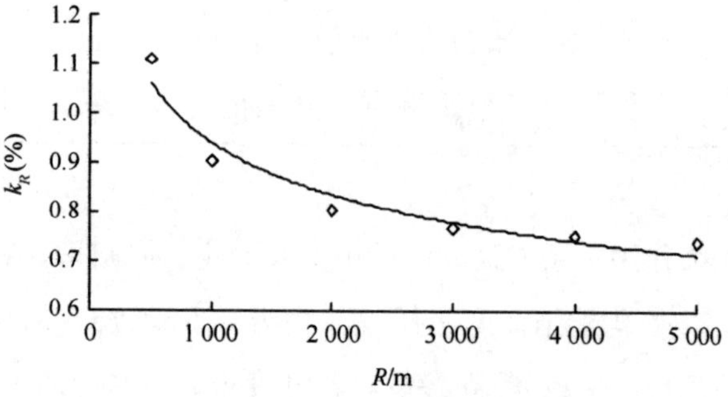

图 4.1　航道曲率与相对事故之间的关系

4.3　安全通航下的曲率半径

弯曲航道的曲率半径与通航安全密切相关。航道最小弯曲半径是指保证标准船队安全通过弯道的最小弯曲半径。最小弯曲半径的大小，主要根据船舶的最大长度来定。还应考虑流速、流态、船舶操纵灵活性和航道岸

线情况等。一般的情况下，船舶（船队）航行所需的航道最小弯曲半径 R（m）取顶推船队长度的3倍，也可适当减小，但不得小于顶推船队长度的2倍。另外，对各航段或各浅滩还须作具体分析。在理论上，航道弯曲半径的计算是一个比较复杂的问题，R 除与船长成正比外，在急流条件下，流向与航向的夹角很大；船宽与航宽比、船速与流速比、舵效等对 R 也有一定影响。船舶安全通航有效的曲率半径计算经验公式如下

$$R = LK(1 + \sin\theta)\left(\frac{\alpha v}{V_1}\right)\left(\frac{b}{B}\right)\frac{1}{S} \tag{4.6}$$

式中，θ 为流向与航向的夹角；v 为流速；V_1 为船舶的航速；b 为船宽；B 为有效舵槽宽；S 为舵面积；K 为系数；α 为与流速有关的系数；L 为船舶（船队）长度。

具体弯道的曲率半径可以从相关资料查得，也可以通过下述几何方法在航行图或航道图上量取。如图4.2所示，在航道中心线的最弯部分截取一路径，在路径上取其顶点和两端点，分别记为圆弧线上的三点 A、B、C，连接 AC、BC 并各作其垂直平分线，交于点 O，OC 即为曲率半径，实际长度可以从该图的比例尺上量取。

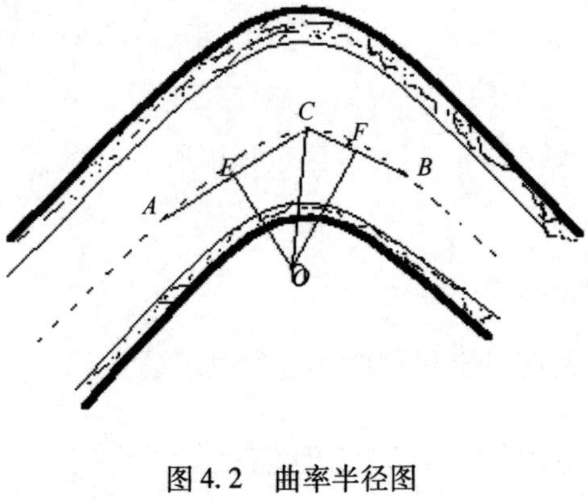

图4.2　曲率半径图

在查得航道、水文、船舶资料后，通过上述方法可求取特定弯曲航道

曲率半径决定允许通过的船舶最大长度 L_{max}。通常情况下，为了运用方便。过弯船舶的最大长度可按 $L_{max}=1/2R\sim1/3R$ 确定。航道的最小弯曲半径，是保证最长的下行船队能否安全通过弯曲河段的主要数据。当然下行船队能否安全通过弯道还与流速、流态、船舶操纵性能和河岸（海岸）情况有关。

4.4 弯曲航道布置

弯曲航道通航所必须具备的条件除具备顺直航道通航所需要的水深条件、航道宽度条件、净空高度条件以外，航道宽度还应比相应顺直航道宽度要多一个弯曲附加宽度。这主要是因为船舶过弯需频繁用舵纠正航向，以确保船舶航行在航道轴线上。船舶在用舵过程中所占的航迹带宽度要比相应顺直航道船舶所占航迹带宽度大。关于弯曲附加宽度，我国相关规范并没有做出明确的界定，只是提到弯曲航道宽度要在顺直航道的基础上适当加宽，但究竟加宽多少，相关规范没有界定，这不利于弯曲航道的通航安全。弯曲附加宽度一直是通航工作者所讨论的话题。武汉理工大学刘明俊教授（1996）根据船舶过弯甩尾特性，提出将船舶过弯甩尾量作为弯曲航道的弯曲附加宽度。船舶过弯甩尾量的确定方法如下。

为计算方便，将弯曲航道近似地看作是半径为 R 的圆弧。这样，船舶在无风、流影响的情况下，通过桥区过程中所占航宽（B_1）的大小可分别用下式计算。

1）当 $\alpha_1>0$、$\alpha_2\geqslant0$ 时

分析图 4.3，经过计算可得船舶过弯甩尾量为

$$B_1=\frac{1}{2}b(\cos\alpha_2-\cos\alpha_1)+P(\sin\alpha_1-\sin\alpha_2)+L\sin\alpha_2+2R\sin\frac{\alpha_1-\alpha_2}{2}\sin\frac{\alpha_1+\alpha_2}{2} \tag{4.7}$$

式中，b 为船舶宽度（m）；L 为船舶长度（m）；P 为船舶转心至船尾的距离

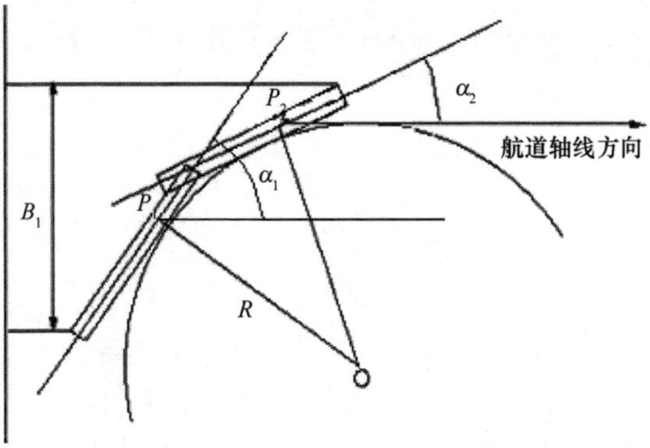

图 4.3 无风、流情况下船舶过弯甩尾示意图

(m)，由转心位置确定，根据船舶操纵理论转心位置一般位于船舶重心前$\frac{1}{5}$ ~ $\frac{1}{3}L$；R 为航道曲率半径（m）；α_1 为船舶进入弯道时的起始航向角（°），沿航道轴线方向逆时针旋转到船舶首尾线为正，反之为负；α_2 为船舶驶出弯道时的航向角（°），沿航道轴线方向逆时针旋转到船舶首尾线为正，反之为负。

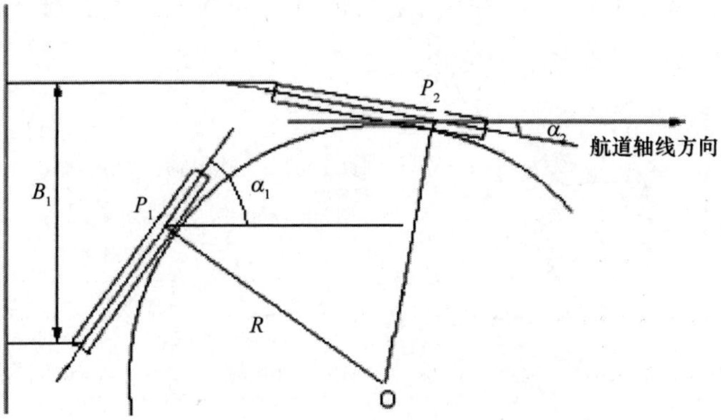

图 4.4 无风、流情况下船舶过弯甩尾示意图 2

2）当 $\alpha_1 > 0$、$0 \geqslant \alpha_2 \geqslant -\alpha_1$ 时

分析图 4.4，同样经过计算可得

$$B_1 = \frac{1}{2}b(\cos\alpha_2 - \cos\alpha_1) + P(\sin\alpha_1 - \sin\alpha_2) +$$
$$2R\sin\frac{\alpha_1 - \alpha_2}{2}\sin\frac{\alpha_1 + \alpha_2}{2} \tag{4.8}$$

刘明俊教授的弯曲航道弯曲附加宽度是在充分考虑了船舶操纵性的基础上提出的，具有一定的实用性。其实对于弯曲航道的宽度问题，除了要充分考虑船舶的操纵性以外，更重要的是还要考虑弯道环流对弯曲航道加宽值的影响。为了进一步确定弯道船舶的流致漂移量，有必要研究弯道环流。在弯道水流中，取高度为H的单位底面积水柱进行分析。如图4.5（a）所示。图4.5（a）中ΔP为水面横比降所引起的水柱两侧的压力差，F为水柱因曲线运动所形成的惯性离心力。图4.5（a）表明了ΔP和F沿垂线的分布情况。由于水柱两侧压强差γJ_y（γ为水的容重，J_y为弯道水流横比降）沿水深分布为常数，单位体积水体的惯性离心力$\rho u^2/r$（ρ为水的密度，u为水柱某一高度处水流的纵向流速，r为弯道曲率半径）沿水深分布与纵向流速的垂线分布相似。F与ΔP共同作用所形成的合力矩如图4.5（b）所示。在此力矩的作用下，上层水体流向凹岸，下层水体流向凸岸，形成横向环流。横向环流u_r的形态如图4.5（c）所示。

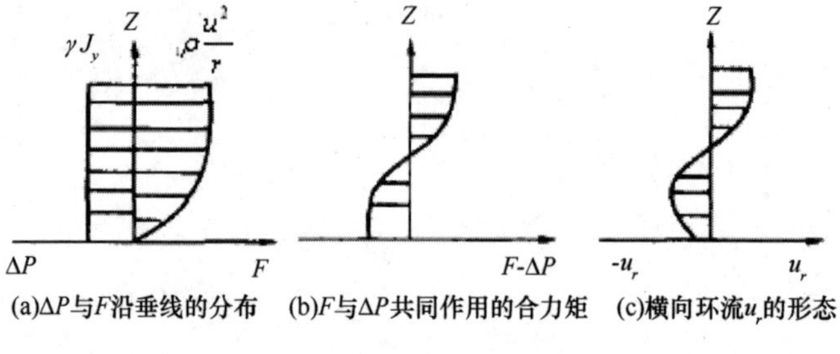

(a)ΔP与F沿垂线的分布　(b)F与ΔP共同作用的合力矩　(c)横向环流u_r的形态

图4.5　环流的形成

通过分析弯道单位水体的受力，结合水流运动控制方程，可得到弯道横向流速公式。但横向环流u_r与弯道纵向流速、水深、弯道曲率、河床糙率等众多因素相关，很难完全从理论上得到其准确的公式，目前所得的弯道环流公式，大多是半经验半理论公式，因为这些公式的形式相对简单且有较强的工程应用价值。为了研究方便，可考虑选用孙东坡公式研究弯道横流

$$u_r = 4.8\sqrt{\frac{H}{r}}U[(y) - 0.44(y)^{1.286} - 0.307] \tag{4.9}$$

式中，U 为弯道纵向平均流速；H 为弯道水深；$y = z/H$ 为相对水深（这里的水深起算点是从河底开始）；r 为弯道曲率。弯道横流的面流和底流的流向相反，因此对于不同吃水的船舶，作用在船体上的平均横流流速是不一样的，而作用在船体上的平均横流流速正是导致流致漂移量的关键参数。为了科学起见，可按照下式去确定作用在吃水为 d 的船舶上的平均弯道横流流速

$$u_d = \frac{H}{d}\int_{(H-d)/H}^{1} u_r \mathrm{d}y \tag{4.10}$$

式中，u_d 为作用在吃水为 d 的船舶上的平均弯道横流流速。联合式（4.9）和式（4.10）可得：

$$u_d = \frac{UH}{d}\sqrt{\frac{H}{r}}\left[0.91\left(\frac{H-d}{H}\right)^{2.29} + 1.49\left(\frac{H-d}{H}\right) - 2.4\left(\frac{H-d}{H}\right)^2\right] \tag{4.11}$$

根据式（4.11），如果已知某弯道的曲率、平均纵向流速、弯道水深和船舶吃水，则作用在船体上的平均横流流速就可基本确定。表 4.2 计算了弯道纵向平均流速为 5 m/s，作用在不同吃水船舶上的弯道横流平均流速以及船速为 10 kn，偏航角为 5°，吃水为 11 m 的船舶流致漂移量（漂移量按照式（3.5）确定，计算航段的长度取 500 m）。由表 4.2 可以看出：当船舶吃水和水深不变时，u_d 随弯道曲率的增大而减小；当弯道曲率和船舶吃水不变时，u_d 随弯道水深的增加而增加；当弯道曲率和水深不变时，u_d 随吃水的增加而减小。因此在宽度不足的弯曲航道，适当增加船舶吃水，增加航道的曲率半径，对船舶的航行安全有利。

表 4.2 不同情况下的 u_d 及 B_1 单位：m

r	H	$d=5$	$d=7$	$d=9$	$d=11$	B_1（$d=11$）
500	10	$u_d=0.47$	$u_d=0.29$	$u_d=0.11$	—	—
	15	$u_d=0.74$	$u_d=0.61$	$u_d=0.47$	$u_d=0.32$	74.96
	20	$u_d=0.95$	$u_d=0.84$	$u_d=0.72$	$u_d=0.60$	102.28
800	10	$u_d=0.37$	$u_d=0.23$	$u_d=0.08$	—	—
	15	$u_d=0.59$	$u_d=0.48$	$u_d=0.37$	$u_d=0.25$	68.13
	20	$u_d=0.75$	$u_d=0.66$	$u_d=0.57$	$u_d=0.48$	90.57
1 000	10	$u_d=0.33$	$u_d=0.21$	$u_d=0.07$	—	—
	15	$u_d=0.53$	$u_d=0.43$	$u_d=0.33$	$u_d=0.23$	66.18
	20	$u_d=0.67$	$u_d=0.59$	$u_d=0.51$	$u_d=0.43$	85.70

表 4.2 还表明，弯道横向流速所引起的漂移量较大，在布置弯曲航道宽度时，是个不容忽视的因子。由式（3.5）可看出，船速越高，弯道环流引起的漂移量越小，这一结论与《船舶操纵》中的船速越高船舶的保向性越好的结论一致。式（3.5）还表明，偏航角越大，流致漂移量也越大。因此在弯道中，船舶应尽可能保持在航道轴线航行，以免发生触岸危险。

4.5 本章小结

本章分析了弯曲航道水流运动特性，研究了船舶过弯特性，得出了以下重要结论。

（1）曲率半径与通航事故密切相关，航道越弯曲，出现交通事故的概率越大。

（2）提出了安全通航曲率半径确定方法。

（3）提出了弯曲航道附加宽度的确定方法（数学模型）。

5 桥区航道布置

本章运用数值模拟方法，研究桥墩紊流漩涡区最大范围，并提出经验表达式；根据桥墩紊流漩涡区最大范围经验表达式及前文章节中的相关理论，提出桥区航道优化布置设计方案。

5.1 桥区航道布置概述

桥梁极大地改善了我国的运输条件，是我国交通运输网络的重要构成部分。改革开放以来，我国跨海和跨江桥梁越来越多。据相关资料统计，我国主要的三大内陆航运水系，长江水系、珠江水系和京杭运河水系，现有的各种桥梁300余座，其中长江水系和珠江水系分别有100余座，京杭运河水系有桥梁50余座。浙江地处我国东部沿海，境内岛屿、河道密布，桥梁众多。浙江境内已建或拟建的著名桥梁工程有东海大桥、杭州湾大桥、舟山跨海大桥、洋山大桥、岱山大桥等。桥梁不仅给浙江交通运输带来方便，更重要的是桥梁建设有效促进了浙江经济发展。如浙江沿海的东海大桥连接了上海南汇芦潮港和大小洋山。东海大桥工程是上海国际航运中心洋山深水港区一期工程的重要配套工程，为洋山深水港区集装箱陆路运输和供水、供电、通信等需求提供服务。杭州湾跨海大桥的建设，对于整个地区的经济、社会发展都具有深远的、重大的战略意义。首先，杭州湾大桥直接促进宁波、嘉兴经济社会的发展，带动周边地区如杭州、绍兴、台州、舟山、温州等地的发展，并对全省乃至长江三角洲南翼地区的整体发展产生积极影响；其次，主动接轨上海，扩大开放，推动长江三角洲地区合作与交流，进一步提升了宁波市的综合竞争力；第三，有利于推进城市化发展战略；第四，作为中国沿海大通道中的第一座跨海大桥，突破了杭州湾的瓶颈，优化了国道主干线的路网布局，改变了宁波交通状况，有利于实施环杭州湾区域发展战略网。舟山跨海大桥的建设，构筑出一条全天候的舟山至大陆通道，使舟山从孤悬海中的岛屿，变成同大陆相连的半岛，成为大陆伸向海洋的港口城市，实现了海岛同大陆的连接，把发展海岛特色经济与大陆比较完善的基础设施网络密切结合起来，把中国最好的深水岸线资源与广大腹地密切结合起来，对进一步开发舟山海洋资源，推动浙江省、长江三角洲乃至中国经济发展都具有深远的意义。桥梁建设能有效促进经济的发展，但是桥梁建设必须充分考虑桥区的通航水环境，合理布置好桥区航道和浮标，以有效控制船舶的安全通航避免撞桥事故的发生，否则桥梁会成为制约安全通航的“瓶颈”。如黄石长江大桥，由于选址在水运繁忙而河道弯曲的水域，存在不良的水流条件及浮标设置不够科学，加上驾引人员应变能力较差造成碰撞事故频发。仅在 1993 年 4 月 16 日至 9 月 16 日的 147 天中，就发生撞桥事故 16 起，沉船 9 艘，直接经济损失数百万元。2007 年 6 月 15 日，广东九江大桥被船撞塌，造成严重人员伤亡，直接经济损失近亿元。浙江沿海举世瞩目的舟山跨海大桥，分别于 2008 年 3 月 27 日和 2009 年 11 月 16 日发生船舶撞桥事故，造成人员失踪、船舶下沉损失和桥墩损坏。以上交通事故的发生，虽然在很大程度上与驾引人员疏忽有关，但也与桥区浮标布置不够科学有一定的关联。在通航水域建设桥梁以后，由于桥墩的存在，水流结构会发生改变，桥墩附近存在大量的紊流漩涡区，这一紊流漩涡区内存在“墩吸流”，往往是船舶撞桥的重要诱因之一。为了提醒船舶远离桥墩紊流漩涡区，桥墩附近往往设置有闪特定灯光的“桥浮”。而桥墩紊流漩涡区范围是桥浮设置的重要依据。关于桥浮设置问题，目前国内还没有形成统一的规范，桥浮设置还没有充分考虑桥墩附件的紊流条件。因此有必要结合船舶过桥特性研究桥墩紊流漩涡区范围及桥浮设置问题，以切实提高船舶在桥区通航的安全性。

桥浮一般设置在桥墩附近，其作用是提醒船舶不能穿越此浮靠近桥墩，否则有撞桥危险。因此桥浮是保护桥墩的“警示浮”，桥区的航道应布置在桥浮之外。关于桥浮的设置，国内外相关规范没有明确的界定，相关研究也较少。一种普遍的观点认为，桥墩周围存在紊流漩涡区，漩涡区内水流流态复杂，不适合船舶通航，桥浮应设置在桥墩紊流漩涡区范围之外。因此桥墩紊流漩涡区范围被认为是桥浮设置的重要依据。针对桥墩紊流漩涡区水力学特性，国内外相关专家进行了一些有益的探索，取得了许多重要成果。如 Breusers 和 Raudkivi（1991）通过大量的试验研究后认为，桥墩紊流区是一个复杂的综合水流结构，包括桥墩迎水面向下水流和两侧绕流在床面附近形成的马蹄形漩涡，桥墩两侧边界层分离产生的尾流漩涡以及在墩两侧和墩后由床面附近释放的小漩涡。Graf 和 Yulistiyanto（1998）采用先进流速测量仪对圆柱绕流的三维流场进行了详细的测量，并根据流场计算了涡量场的分布，结果表明，圆柱桥墩周围存在一个马蹄涡，底部伴随着涡量为负的反向流。齐鄂荣等（2006）采用 PIV 技术对绕过矩形突起建筑物的水流进行了平面二维测量，得到了一些平面角涡生成和演化的规律。无论是 Breusers 和 Raudkivi、Graf 和 Yulistiyanto，还是齐鄂荣等，他们主要是针对桥墩紊流漩涡区的水流特性开展研究，他们的研究虽然对认识桥墩特殊水流特性有帮助，但较少与船舶安全过桥结合起来。因此不少通航专家比较关注桥墩紊流漩涡区范围，因为他们认为桥墩紊流漩涡区范围与桥区的航道布置密切相关。胡旭跃等（2004）利用 PIV 技术测量了建桥河道中的二维水流流场，并根据水流表层涡漩情况确定桥墩紊流宽度，并提出了经验公式。认为桥墩两侧水流表层漩涡区宽度是弗劳德数的函数。许保华（2007）通过水槽动床模型试验，分析了多种结构形式的桥墩在多种水流方向条件下的通航影响宽度，得到水流方向与桥墩轴线法线方向夹角变化条件下的桥墩周围单侧通航影响宽度的计算方法。许保华的研究结果表明，桥墩周围单侧通航影响宽度主要受到桥墩的迎流面宽度、水流方向与桥墩轴线法线方向夹角等因素的影响。庄元和刘祖源（2007）通过水槽定床和动床试验进行对比分析，分析了行近流速、行近水深、来流角度、桥墩尺寸、桥墩墩型和桥墩冲刷等因素对桥墩紊流宽度的影响，并认为桥墩紊流宽度与水流流速、墩形计算宽度、水深等因素呈指数关系。何小花等（2006）通过概化水槽试验，采用 MicroADV 流速仪测量瞬时流速，得到矩形桥墩周围纵向、横向和垂向时均流速和紊流强度的横向分布，发现水下的紊流强度相对水面的紊流强度要大，同时认为在确定通航不安全紊流范围时，应考虑水面以下涡漩运动更剧烈的区域，通过比较有、无桥墩时均流速和紊流强度横向分布变化，给出了桥墩最大相对紊流宽度随断面平均流速的变化关系。祖小勇（2009）认为桥墩对紊流强度的变化影响存在极值，极值大小和出现位置与流速有关，流速越大，极值越大，且极值位置与桥墩的距离也越大。根据极值出现位置离桥墩距离确定了紊流宽度与弗劳德数之间的关系。从以上相关桥墩紊流范围研究可以看出，虽然相关学者将桥墩紊流范围与船舶安全通航联系起来，但也存在以下不足：①关于桥墩紊流漩涡区范围如何定义，各学者看法并不一致。一些学者以桥墩周围表层水流为研究对象，借助示踪剂及 PIV 技术，以水流紊动减弱的百分比来确定紊流宽度；也有学者以水面以下的水流为研究对象，使用 ADV 测量瞬时流速，并对比有墩无墩紊流强度的变化，确定桥墩的紊流宽度。由于对桥墩紊流范围定义不一致，导致用不同公式计算出的结果千差万别。范平易等（2010）基于数值模拟结果并利用胡旭跃与庄元总结的桥墩通航影响宽度公式，计算了苏通大桥北桥墩的通航影响宽度，发现按两者的计算方法所得结果差别较大；②相关学者在定义桥墩紊流范围时，与“船舶撞桥事件”结合不够紧密，因此他们的研究成果是否有利于减少船舶撞桥事故，值得深入讨论；③各学者所得桥墩紊流宽度计算公式主要通过一些特殊的墩型进行试验研究得出，对影响紊流宽度的主要因素考虑得不够全面和具体，并且缺乏工程实例的验证，导致这些公式的使用范围受到很大的限制。

国内外专家虽然针对桥墩紊流漩涡区水力学特性开展了大量的有益研究，但诸多研究均有不完善的地方，且他们的研究与桥梁防撞、桥浮设置结合不够紧密，没有很好凸显其工程应用价值。桥墩防撞及桥区浮标布置方面还有很多热点问题亟待解决。如：如何紧密结合桥墩防撞来定义桥墩紊流漩涡区范围，如何考虑流向角（航道轴线水流与桥墩轴线之间的夹角）对桥墩紊流漩涡区范围及桥浮布置的影响，等等。因此，有必要在充分考虑桥梁防撞的基础上，探索桥浮设置问题。

5.2 桥浮设置

桥浮设置与通航安全紧密相连。研究桥浮设置离不开桥墩紊流区范围（图 5.1）。如何根据安全需要，科学定义桥墩紊流区范围，是一个解决桥浮设置的关键问题。桥墩建成以后，航道的水流结构发生了改变，在桥墩周围，既存在“墩吸流”，也存在“墩推流”。“墩吸流”和“墩推流”都是水流通过绕流体发生边界层分离而形成，从通航安全角度考虑，“墩吸流”具有诱发船舶撞桥的作用，对船舶和桥梁安全最不利。因此，可定义“墩吸流”存在的最大范围为桥墩紊流漩涡区范围。

5.2.1 理论分析

桥墩附近的流速可以分解成两部分：①沿航道轴线方向的纵向分流速（用 ΔU_x 表示）；②与其垂直的分流速（用 ΔU_y 表示）。由于纵向分流速 ΔU_x 与船舶运动方向一致，对船舶运动的影响较小，而分流速 ΔU_y 的方向

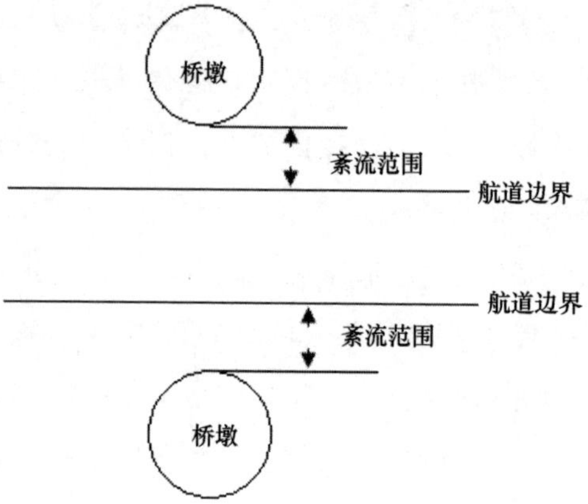

图 5.1　桥墩紊流范围

可以是流向桥墩，也可以是从桥墩流去，从通航安全角度考虑，流向桥墩的水流有推船压向桥墩的趋势，对船舶撞桥具有诱导作用。为了研究方便，可将垂直流向桥墩的流速定义为 U_y。这样一来，桥墩紊流范围可定义如下：U_y 消失点（$U_y=0$）到桥墩表面的垂直距离（用 l 表示）即为桥墩紊流最大范围。

影响 l 的因素主要包括以下几个方面：水流密度 ρ（kg/m^3）、水流的动力黏度 μ（$N \cdot s/m^2$）、重力加速度 g（m/s^2）、圆形桥墩的半径 D（m）、流速 v（m/s）、水深 h（m）。这些影响桥墩紊流范围的因素写成以下相关表达式

$$l = f(\rho, \mu, g, D, v, h) \tag{5.1}$$

通过量纲分析，式（5.1）可写成

$$l/D = f\left(\frac{v}{\sqrt{gh}}, \frac{vD}{\mu/\rho}\right) \tag{5.2}$$

式（5.2）表明：圆形紊流范围与桥墩附近水流的雷诺数及弗劳德数密切相关。由于水流密度 ρ（kg/m^3）、水流的动力黏度 μ（$N \cdot s/m^2$）、重力加速度 g（m/s^2）在常温下变化不大，且它们对桥墩紊流范围的影响较

弱，因此可以忽略不计。另外，桥墩的紊流范围随水深的增加而增大，而最大水深是水流表面的深度，因此水流表面处桥墩的紊流范围最大。从通航安全的角度考虑，边界取桥墩最大紊流范围（水流表面处的桥墩紊流范围）对通航安全有利。因此如果只考虑桥墩最大紊流范围，则式（5.2）可以简化为

$$L \approx f(D,U) \tag{5.3}$$

式中，L 为桥墩紊流最大范围；U 为桥墩附近水面流速。由以上分析可知，圆形桥墩最大紊流范围问题可以用二维数值模拟方法来研究。

5.2.2 数值模拟研究

本文拟采用 RNG $k-\varepsilon$ 模型来研究桥墩紊流范围。RNG $k-\varepsilon$ 模型的控制方程包括质量守恒方程、动量守恒方程、紊动能方程（k 方程）和紊动能耗散率方程（ε 方程）。这 4 个方程共同构成一封闭的方程组。对于恒定且不可压缩的二维流动情况，它们的具体表达形式如下。

（1）质量守恒方程（连续方程）

$$\frac{\partial u_i}{\partial x_i} = 0,\quad i = 1,2 \tag{5.4}$$

（2）动量守恒方程

$$u_j \frac{\partial u_i}{\partial x_j} = -\frac{1}{\rho}\frac{\partial p}{\partial x_i} + \frac{\partial}{\partial x_j}\left[(\mu + \mu_t)\left(\frac{\partial u_i}{\partial x_j} + \frac{\partial u_j}{\partial x_i}\right)\right],\quad i = 1,2 \tag{5.5}$$

(3)k - 方程

$$u_i \frac{\partial k}{\partial x_i} = \frac{\partial}{\partial x_j}\left[\alpha_k(\mu + \mu_t)\frac{\partial k}{\partial x_j}\right] + \frac{1}{\rho}G_k - \varepsilon,\quad i = 1,2 \tag{5.6}$$

(4)ε - 方程

$$u_i \frac{\partial \varepsilon}{\partial x_i} = \frac{\partial}{\partial x_j}\left[\alpha_\varepsilon(\mu + \mu_t)\frac{\partial \varepsilon}{\partial x_j}\right] + \frac{1}{\rho}C_1^* G_k \frac{\varepsilon}{k} - C_2 \frac{\varepsilon^2}{k},\quad i = 1,2 \tag{5.7}$$

式（5.4）至式（5.7）各参数的含义如下：x_i（$=x$，y）为轴向和径向的

坐标；u_i（$=u_x$，u_y）为轴向和径向的水流流速；ρ 为水流的密度；p 为压强；μ 为水流的动力黏度；μ_t 为涡黏度，$\mu_t = C_\mu (k^2/\varepsilon)$，$k$ 为紊动能，ε 为紊动能耗散率，$C_\mu = 0.085$。其他参数的取值如下：$C_1^* = C_1 - \dfrac{\eta(1-\eta/\eta_0)}{1+\lambda\eta^3}$，$\eta = Sk/\varepsilon$，$C_1 = 1.42$，$S = \dfrac{1}{2}\left(\dfrac{\partial u_i}{\partial x_j} + \dfrac{\partial u_j}{\partial x_i}\right)$，$\eta_0 = 4.377$，$\lambda = 0.012$；$G_k = \rho\mu_t\left(\dfrac{\partial u_i}{\partial x_j} + \dfrac{\partial u_j}{\partial x_i}\right)\dfrac{\partial u_i}{\partial x_j}$；$C_2 = 1.68$；$\alpha_k = \alpha_\varepsilon = 1.39$。边界条件按照以下方法处理：入流紊动能 k_{in} 及紊动能耗散率 ε_{in} 分别被定义为

$$k_{in} = 0.0144 u_{in}^2, \quad \varepsilon_{in} = k_{in}^{1.5}/(0.25 D_d) \tag{5.8}$$

式中，u_{in} 为桥墩附近航道入流流速，D_d 为航道半宽度。桥墩附近航道出口流速被认为是充分发展。数值模拟安排了 6 种工况，这 6 种工况的圆形桥墩的半径 D 分别为 0.5 m、1.0 m、1.5 m、2.0 m、2.5 m 以及 3.0 m。每种工况下，桥墩的半径都固定不变，而航道表面流速 U 从 18 cm/s 变化到 50 cm/s，分别计算在桥墩半径固定和不同流速情况下桥墩紊流的最大范围。这样设置工况的目的是按照式（5.3）的要求来研究 L、D 及 U 三者之间的关系，具体的计算结果见表 5.1。图 5.2 和图 5.3 是桥墩半径为1 m，流速分别为 50 cm/s 和 70 cm/s 情况下的桥墩附近的流线图。该二图表明，圆形桥墩附近存在较强的紊流区。

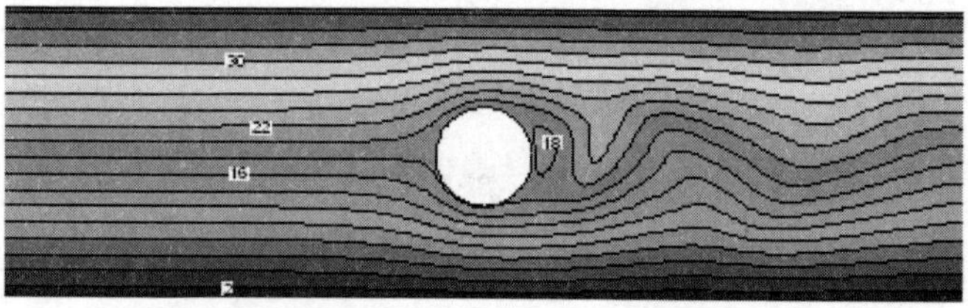

图 5.2　桥墩附近流线图（$D=1$ m　$U=50$ cm/s）

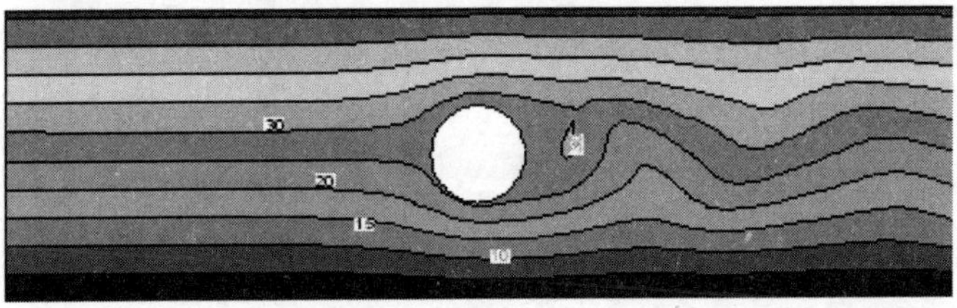

图 5.3　桥墩附近流线图（$D=1$ m　$U=70$ cm/s）

表 5.1　6 种工况下最大紊流范围（L）数值模拟结果

D/m	U/（cm·s^{-1}）				
	18	22	29	35	50
0.5	0.27	0.56	0.65	0.88	1.22
1.0	0.53	1.01	1.28	1.75	2.42
1.5	0.81	1.52	1.94	2.64	3.66
2.0	1.06	2.03	2.57	3.51	4.85
2.5	1.33	2.54	3.25	4.39	6.12
3.0	1.61	3.11	3.85	5.27	7.32

图 5.4 是根据表 5.1 中的数据绘制而成。图 5.4 表明，当桥墩半径 D 不变时，桥墩最大紊流范围随表面流速的增大而呈对数增长。图 5.5 是利用表 5.1 中的部分数据绘制而成。图 5.5 中的表面流速 $U=18$ cm/s 固定不变，但桥墩半径变化。图 5.5 直接说明：当流速不变时，桥墩最大紊流范围随桥墩半径的增大呈线性增大。拟合图 5.4 和图 5.5 中的数据，可以得到关于顺直航道圆形桥墩最大紊流范围的经验表达式如下

$$L/D = 1.8\ln(U) - 4.7 \tag{5.9}$$

式（5.9）的应用范围：$U=18\sim50$ cm/s，$D=0.5\sim3.0$ m，其中流速的单位是 cm/s。

以上研究结果表明，当桥墩半径不变时，圆形桥墩最大紊流范围随表面流速的增大而呈对数增大；当表面流速不变时，顺直航道圆形桥墩最大

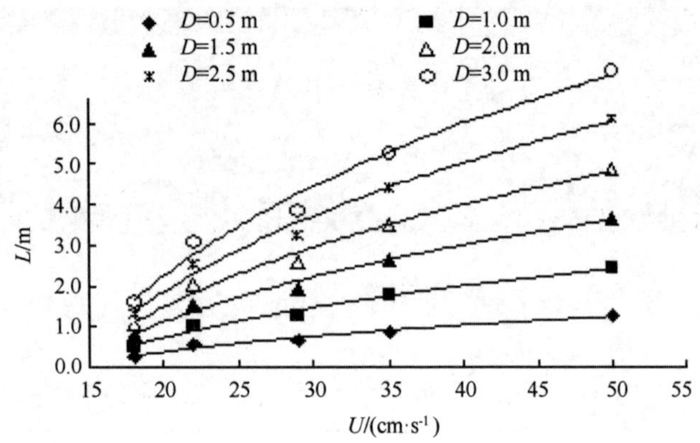

图 5.4 最大紊流范围（L）、桥墩半径（D）、表面流速（U）三者关系示意图

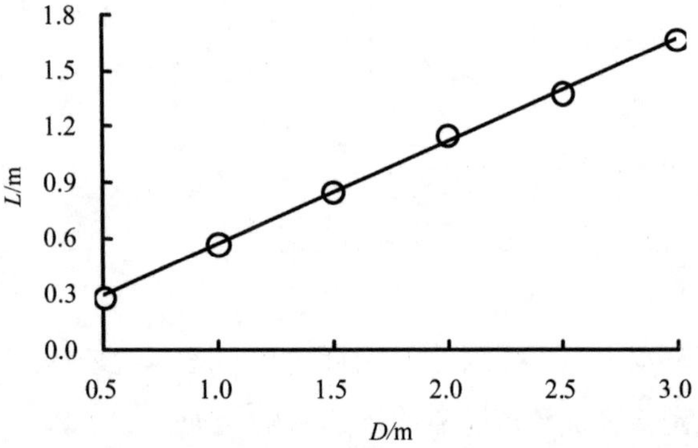

图 5.5 最大紊流范围（L）与桥墩半径（D）之间的关系（$U=18$ cm/s）

紊流范围随桥墩半径的增大而呈线性增大。桥浮的设置应充分考虑桥墩紊流区的范围且应设置在桥墩最大紊流区范围之外。式（5.9）可作为设置桥浮的依据。

5.3 桥区航道设计

桥区的航道宽度可参考前文章节中的设计要求进行。但桥区航道宽度布置应充分考虑桥墩对通航的影响，尤其是应科学考虑桥墩紊流漩涡区的最大范围。桥墩紊流漩涡区最大范围既可看成是设置桥浮的依据，也可看成是船舶距离桥墩应保持的最小距离。与其他航道不同的是，桥区航道还应充分考虑桥梁的净空高度。如果桥梁的净空高度不够，桥区通航就变得困难。航道净空高度设计如图 5.6 所示。图 5.6 中各参数含义：DHNWL 为设计最高通航水位；DLNWL 为设计最低通航水位；d 为船舶吃水；h 为船舶总高度，H 为桥梁的净空高度。根据《通航海轮桥梁通航标准》(JTJ 311—97)，富余高度在通航海轮的内河水域或有掩护作用的海域取 2 m。由图 5.6 可以确定通航桥梁的净空高度为

$$H > h - d + 2 \tag{5.10}$$

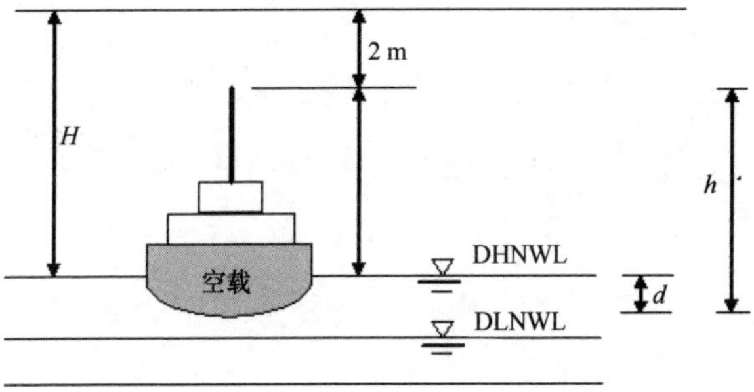

图 5.6　通航净空高度示意图

5.4　桥梁防撞

5.4.1　碰撞力分析

船舶碰撞力的计算有许多方法，包括经验公式计算法、动力数值模拟法、有限元瞬间动力分析法，上述 3 种方法都得到了实际地应用。包括我国公路、铁路规范在内，世界上不同组织提出了数十种船舶撞击桥墩的碰撞力计算公式，经验公式计算快捷简便，适合在无详细的船舶撞击力资料时使用。但不同的经验公式计算结果可能差别 100%。实际上，经验公式大都在特定船型、撞击速度计算的结果与实际的撞击力接近。船舶碰撞动

力数值模拟法是通过研究船舶碰撞的内部机理、外部机理，建立船舶碰撞的动力学模型，模拟船舶撞击桥墩的动力学过程，获得撞击力、能量转化、船舶破损长度等结果，并可模拟分析船舶消能设施的实际消能过程，动力数值模拟法考虑实际船舶撞击区域的结构特性、船舶周围水动力作用、桥墩刚度、形状，结果更符合实际情况。有限元瞬间动力分析法是通过建立撞击船舶、桥墩有限元模型，利用非线性有限元瞬间动力方法计算船舶碰撞过程中结构的变形、失稳、破损，考虑材料动力屈服应变率敏感性，该方法建模工作量大，计算费时，在世界范围（包括我国）应用越来越少。关于碰撞力确定方法，美国高速公路与运输协会（AASHTO）指导性规范提供的公式为

$$Ps = 1.2 \times 10^5 V(\mathrm{DWT})^{1/2} \tag{5.11}$$

式中，Ps 为碰撞力（N）；V 为撞击速度（kn）；DWT 为撞击船舶载重吨位（t）。式（5.11）也可借鉴用来计算船舶撞桥碰撞力。例如，某船的载重吨位为 3 000 t，航速为 6 kn，则利用式（5.11）可确定该船撞击桥墩的碰撞力为 2.03×10^7 N。

5.4.2　桥梁防撞工程措施

目前比较流行的桥梁防撞预防措施包括在桥墩周围安装浮式消能设施和人工岛防撞设施。浮式消能设施主要由钢结构主体、消能箱、橡胶件组成，主体内部结构包括甲板、平台、底板、纵横隔板结构及防腐措施。浮式消能防撞设施本身有一定的强度，对于小船的碰撞，防撞设施只有局部损伤，消能箱破损消能。对于大型船舶的高能碰撞，浮式消能防撞设施破损消能，减少船舶碰撞力，确保桥墩、承台不受损，防撞设施在碰撞后可进行修复，继续使用。浮式消能防撞的主要优点包括：防撞设施制造成本适中，防撞功能可靠完善，防腐寿命 15 ~ 20 a，占用航道宽度相对较小，符合航道净宽要求。浮式消能防撞的主要缺点包括：低水位时设施与承台

接触面积偏小。浮式消能防撞设施的防撞能力与所用的防撞材料有关，相关防撞材料的防撞性能分别见表 5. 2、表 5. 3 和表 5. 4（其中表 5. 2 和表 5. 3 中的数据由中橡集团青岛天盾橡胶有限公司提供，表 5. 4 中的数据由上海世界橡胶厂提供）。

表 5. 2 拱形橡胶防撞材料的防撞性能

规格	性能			
	变形 52. 5%		变形 55%	
	反力/kN	吸能量/MJ	反力/kN	吸能量/MJ
1 000 L	414	0. 088	574	0. 094
1 500 L	621	0. 132	861	0. 141
2 000 L	828	0. 176	688	0. 188
2 500 L	1 242	0. 264	1 722	0. 282
3 000 L	1 242	0. 264	1 722	0. 282
3 500 L	1 449	0. 308	2 009	0. 329

表 5. 3 圆筒形漂浮橡胶材料的防撞性能

规格	性能					
	变形 50%		变形 55%		变形 60%	
	反力/kN	吸能量/MJ	反力/kN	吸能量/MJ	反力/kN	吸能量/MJ
TD – F500ϕ ×1 600 L	31	0. 01	40	0. 013	54	0. 017
TD – F1000ϕ ×1 600 L	122	0. 04	160	0. 052	216	0. 068
TD – F1200ϕ ×2 000 L	268	0. 84	364	0. 114	460	0. 144
TD – F1600ϕ ×3 000 L	490	0. 16	640	0. 21	860	0. 27
TD – F2200ϕ ×3 000 L	980	0. 32	1 280	0. 41	1 720	0. 54
TD – F2400ϕ ×6 000 L	2 450	0. 8	3 200	1. 02	4 300	1. 34
TD – F2700ϕ ×6 000 L	3 060	1. 0	4 000	1. 28	5 360	1. 68
TD – F3100ϕ ×6 000 L	3 842	1. 254	5 018	1. 607	6 742	2. 107
TD – F3400ϕ ×6 000 L	4 802	1. 568	6 272	1. 999	8 428	2. 636
TD – F4300ϕ ×6 000 L	7 683	2. 509	10 035	3. 214	13 485	4. 214
TD – F4500ϕ ×9 000 L	12 289	4. 018	16 052	5. 135	21 570	6. 742

表 5.4　鼓形橡胶材料的防撞性能

规格	配方	反力/kN	吸能量/MJ	变形
H1600（直径 2 m）	RH	1 422.5	0.867	47.5%
	RO	1 093.8	0.667	
	RI	875.1	0.534	
H1250（直径 1.65 m）	RH	905.5	0.434	47.5%
	RO	696.5	0.334	
	RI	557.2	0.267	
H1000（直径 2 m）	RH	568.0	0.217	47.5%
	RO	436.5	0.167	
	RI	349.2	0.133	

人工岛防撞设施是在桥墩周围构筑由沙、石块组成的人工岛，在船舶与人工岛发生碰撞时，人工岛发生变形损伤，船舶的势能变为吸能，并使碰撞船舶搁浅。人工岛防撞设施的优点是寿命长、无须保养。人工岛防撞设施的缺点是建造工程量大、投资量大，有时会影响航道通航和航道总体布局。

在设计桥梁防撞设施时，应综合考虑航道实际情况和投资情况，根据工程实际，选择合理的桥梁防撞设施。

5.4.3　桥梁防撞管理措施

在桥梁防撞方面，除了要采取适当的工程措施以外，还应加强管理，将船舶撞桥风险减小到最低。以下管理建议可考虑灵活采纳：其一，大桥建成后，必须在桥区设大桥监督站，全天候监控桥区船舶动态、维护过往船舶的通航秩序；主管机关应制定严格的桥区通航安全管理规定、合理的航行方法，完善桥区水域导航、助航设施。其二，为了有效防止桥区失控船舶碰撞桥墩，建议在桥区建立以海事主管机关为指挥中心的“桥区失控船舶应急响应系统”，配备拖轮等救助设施和通信设施，确保船舶一旦在桥区失控能得到及时有效的救助，保证大桥安全。

5.5 本章小结

本章研究了桥墩紊流区最大范围特性，并提出了桥区航道优化布置设计方案，得出了以下结论。

（1）桥墩紊流区对船舶安全通航不利，桥区的航道布置应考虑桥墩紊流区最大范围，桥浮应设置在桥墩最大紊流范围之外。

（2）数值模拟研究结果表明，桥墩紊流范围与桥墩附近水流的雷诺数及弗劳德数密切相关。通过曲线拟合数值模拟数据，得出了计算圆形桥墩紊流最大范围的经验公式。

（3）桥区的航道应布置在桥墩紊流最大范围之外，同时桥区航道宽度应考虑以上章节的研究成果，即要考虑船舶的航迹带宽度、风致漂移量、流致漂移量、船间间距、船岸间距、弯曲航道的附加宽度等。

（4）提出了桥区通航净空高度确定方法。

（5）提出了桥梁防撞具体方案。

6　基于统计理论的航道设计

本章根据航道通航多年观测数据，研究应用统计理论来设计航道的新理念、新方法；同时探索灰色理论在航道安全评价中的运用。

6.1　统计理论在航道设计中的应用

严格地说，生活中的所有事物都是随机的，所以广义上说概率统计也可以应用于任何一件事。概率论起源于保险问题，或者是赌博问题，这也是最早的应用，后来概率论有了公理化定义，数理统计也成为独立的分支。航道通航问题也可以看成是随机问题。如船舶驶出航道边界可看成是个随机过程，船舶在航道内发生碰撞也可看成是个随机过程。航道设计运行一段时间后，航道部门会在航道旁边设立观测站，以观测航道的安全营运情况。根据多年观测的事故结果，可对航道进行疏浚或改造。多年航道事故统计结果是航道改造的重要依据，对于航道的进一步优化起到非常重要的作用。

6.2　船间间距设计

在航道内的双向通航如图 6.1 所示。假若 x_1 为左行船偏离航道航行带轴线的随机概率值，x_2 为右行船偏离航道航行带轴线的随机概率值，那么船舶间不发生碰撞而安全航行的概率可表示为 $P(x_1+x_2<d)$。统计规律

表明，随机事件多遵循正态分布，因此相遇船舶间横距分布也可看成正态分布。则船舶安全航行而不发生碰撞的概率为

$$P(x_1 + x_2 < d) = \frac{1}{\sqrt{2\pi\sigma_t}}\int_{-\infty}^{d} e^{\frac{-x^2}{2\sigma_t^2}}dx \tag{6.1}$$

式中，σ_t 为两船偏离航道航行带轴线的合均方差。由于左行船和右行船偏离航道航行带轴线的行为可以看成是两个独立的随机变量，且 x_1 和 x_2 也遵循正态规律，则由正态叠加原理可得

$$\sigma_t = \sqrt{\sigma_{x_1}^2 + \sigma_{x_2}^2} \tag{6.2}$$

式中，σ_{x_1}为左行船偏离航行带轴线的均方差；σ_{x_2}为右行船偏离航行带轴线的均方差。将式（6.1）变形为

$$P(x_1 + x_2 < d) = \frac{1}{\sqrt{2\pi}}\left(\int_0^{\infty} e^{\frac{-u^2}{2}}du + \int_0^{d/\sigma_t} e^{\frac{-u^2}{2}}du\right) \tag{6.3}$$

由于

$$\frac{1}{\sqrt{2\pi}}\int_0^{\infty} e^{\frac{-u^2}{2}}du = \frac{1}{2} \tag{6.4}$$

因此式（6.3）可转化为

$$P(x_1 + x_2 < d) = 0.5 + \Phi(d/\sigma_t) \tag{6.5}$$

如果令船舶偏离航道航行带轴线而发生碰撞事故的概率为 P_1，则 P_1 为

$$P_1 = 1 - P(x_1 + x_2 < d) = 0.5 - \Phi(d/\sigma_t) \tag{6.6}$$

联合式（6.2）和式（6.6）可得

$$d = \sqrt{\sigma_{x_1}^2 + \sigma_{x_2}^2}\,\Phi^{-1}(0.5 - P_1) \tag{6.7}$$

如果通过统计知道过往船舶偏离航道航行带轴线的均方差，根据事先设定的两船发生碰撞的概率值，可通过式（6.7）计算得到合理的船舶间距，为下一步航道改造提供重要参考。

6.3　船岸距离设计

同样按照6.2节的方法，假定船舶驶出航道边缘而触岸的概率为 P_2，

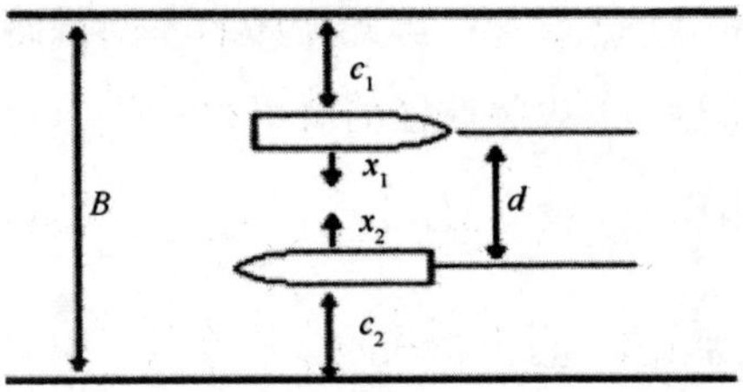

图6.1　船舶双向通航

则两舷驶出航道边缘的概率之和为 $2P_2$。在遵循正态分布规律的前提下，左行船（图6.1）两舷驶出航道边缘而撞桥的概率可表示为

$$2P_2 = 1 - \frac{1}{\sqrt{2\pi\sigma_{x_1}}}\int_{-c_1}^{c_1} e^{-\frac{u^2}{2\sigma_{x_1}^2}}du \tag{6.8}$$

式（6.8）可变形为

$$2P_2 = 1 - \int_0^{\frac{c_1}{\sigma_{x_1}}} e^{\frac{-u^2}{2}}du = 1 - 2\Phi\left(\frac{c_1}{\sigma_{x_1}}\right) \tag{6.9}$$

式中，c_1 为左行船与岸边的安全间距。由式（6.9）可得

$$c_1 = \sigma_{x_1}\Phi^{-1}(0.5 - P_2) \tag{6.10}$$

同理可取得右行船与岸壁的安全距离为

$$c_2 = \sigma_{x_2}\Phi^{-1}(0.5 - P_2) \tag{6.11}$$

式（6.11）表明，根据多年的统计，在事先得知船舶驶出航道边缘而触岸的均方差及事故概率的前提下，可以计算出船岸边的合理间距，为航道改造提供重要依据。

6.4　基于灰色理论的航道优化

6.4.1　灰色关联理论

相关研究表明，水运交通事故有30%是由于航道缺陷引起的。为了实现航道安全，最有效的方法就是详细调查过去的交通事故以及不安全行为或不安全状态，并对其进行深入全面的分析与研究，从中找出导致事故发生的主要原因，以采取相应的措施，尽可能地减少和避免相似事故的发生。事故原因的分析方法一般可分为定量分析和定性分析两种。定量分析是目前人们研究交通事故的重点。已用于交通事故原因分析的定量分析方法主要有以下两种。

（1）一般统计法：统计出各种航道原因导致的交通事故件数或加权事故换算件数（如按事故的等级赋予权系数），求取各种原因导致的交通事故分别占事件总件数的百分比。

（2）数理统计分析法：对各种原因导致的交通事故进行回归分析、主成分分析和相关分析等。

上述方法虽然在航道事故定量分析工作中发挥了重要作用，但是各自也存在一定的局限性：①统计各类原因导致事故的件数只能表示数值的绝对多少，但没有很好地反映出各类原因与事故发生的联系程度；②百分比分析在一定程度上反映了各类原因的重要程度，但给出的信息尚不够准确；③数理统计分析方法要求的样本量大，而且要求有较好的样本分布，在实际工作中已积累的事故数据要满足上述要求难度较大。

就航道事故的原因分析而言，灰色系统理论在相当程度上克服了上述分析方法的不足之处。它不仅对样本数据的数量要求不如上述各类方法多，而且对信息的准确性要求也不高。因此，在运用上述方法分析研究航道事故的同时，有必要运用灰色系统理论来作为分析航道事故原因的补充，以使航道事故原因的定量分析工作能够进一步得到完善。

灰色系统理论是在控制论、信息论和系统论的影响下，于20世纪80年代初形成的一门新理论，属于边缘学科范畴。其特点是对于部分信息已知、部分信息未知的系统仍能进行定量分析。船舶交通事故系统就是一个灰色系统，构成事故原因的各种因素，如操纵不当、瞭望疏忽、违章操船、信息不足等在相互关系、作用程度、数据收集方面均符合灰色系统的概念。在灰色系统理论的关联分析中，把描述各因素对结果影响程度的“量度”称为关联度。其实质是对各因素与结果曲线在几何形状上的差别进行分析和比较，即几何形状越接近，发展变化态势也越接近，相对应的关联程度也就越大。如图 6.2 所示，曲线①与曲线②较接近，曲线①与曲线③的接近程度则较差，因此可以说曲线①与曲线②之间的关联程度比较大，而曲线①与曲线③之间的关联程度就比较小。

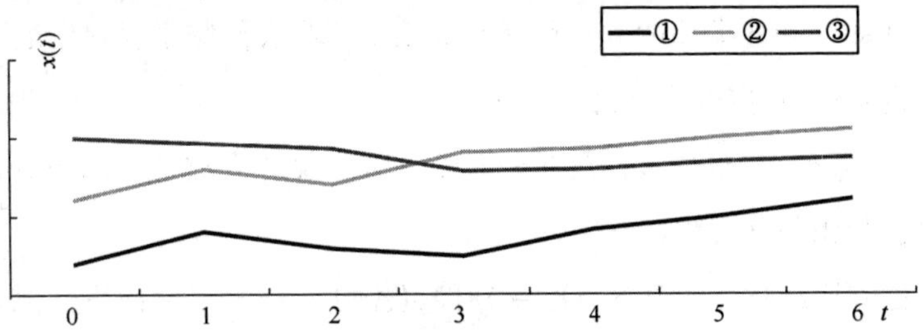

图 6.2　曲线的关联关系

曲线之间的关联度是这样定义的：设 $x_0(t)$（$t=1, 2, \cdots, m$）是参考序列（亦称母序列），$x_i(t)$（$t=1, 2, \cdots, m$；$i=1, 2, \cdots, n$）是 n 个比较因素序列（亦称子序列）。要研究这个子序列与母序列之间的关联程度，应满足所有序列的量纲均相同这一条件。当量纲不同时，要化为无量纲序列，通常的做法是将各序列做初值化处理，即每个序列用第一个变量值去除其他所有变量值，由此构成一组无量纲序列，即

$$y_i(t) = \frac{x_i(t)}{x_i(l)} \tag{6.12}$$

式中，$i=0, 1, 2, 3, \cdots, n$；$t=1, 2, 3, \cdots, m$。$x_i(t)$ 对 $x_0(t)$ 在 $t=k$ 时的关联系数 $\xi_i(k)$ 由下式确定

$$\xi_i(k) = \frac{\Delta(\min) + \rho\Delta(\max)}{\Delta_i(k) + \rho\Delta(\max)} =$$

$$\frac{\min\limits_i \min\limits_k |x_0(k)-x_i(k)| + \rho \min\limits_i \min\limits_k |x_0(k)-x_i(k)|}{|x_0(k)-x_i(k)| + \rho \min\limits_i \min\limits_k |x_0(k)-x_i(k)|} \tag{6.13}$$

式中，ρ 为分辨系数，$0<\rho<1$，通常取 $\rho=0.5$。其中 $\Delta\min=\min\limits_i\min\limits_k|x_0(k)-x_i(k)|$ 称为两级（两个层次）最小差。第一级最小差 Δi (min) $=\min|x_0(k)-x_i(k)|$，是指在绝对差 $|x_0(k)-x_i(k)|$ 中按不同 k 值挑选其最小者。第二级最小差 Δ_i (min) $=\min\limits_i[\Delta_i(\min)]$ 是在 Δ_i (min) 中挑选最小者。同理，可以定义两级最大差

$$\Delta(\max)=\max_i \max_k |x_0(k)-x_i(k)| \tag{6.14}$$

子序列，$x_i(t)$ 对母序列 $x_0(t)$ 的关联度 r_i，则定义为

$$r_i=\frac{1}{m}\sum_{k=1}^{m}\xi_i(k) \tag{6.15}$$

比较 r_i 与 r_j $(i\neq j)$，若 $r_i>r_j$，则表明第 i 个因素对结果的影响比第 j 个因素大。按照以上方法，可以找到影响航道交通事故的主控因素，以便有的放矢地对航道加以改造。

6.4.2　航道评价案例

表 6.1 给出了某航道 2010—2014 年航道交通事故总数及事故类型值。

表 6.1　某航道 2010—2014 年航道交通事故统计

事故类型	编号	2010 年	2011 年	2012 年	2013 年	2014 年
事故总数	00	2 022	2 456	2 582	2 202	2 660
水深不足	01	1 083	1 125	1 319	1 189	1 491
弯曲较大	02	1	389	273	298	298
宽度不够	03	12	15	22	18	14
净空高度不够	04	76	80	87	81	85

续表

事故类型	编号	2010 年	2011 年	2012 年	2013 年	2014 年
能见度差	05	76	62	248	53	98
船舶容量大	06	587	537	367	380	367
监管不力	07	148	200	235	161	284
水流条件差	08	21	40	28	20	20
浮标设置差	09	18	8	3	2	3

将事故总数作为参考序列 $x_0(k)$，$k=1$，2，…，5，其他各因素作为比较因素序列 $x_i(k)$，$i=1$，2，…，8，对各因素初值化处理，得到各标准化序列 $y_i(k)$，$i=1$，2，…，8；$k=1$，2，…，5，得到无量纲序列见表 6.2。

表 6.2　各因素无量纲数值

事故	编号	2010 年	2011 年	2012 年	2013 年	2014 年
事故总数	00	1	1.163	1.164	0.999	1.214
水深不足	01	1	1.039	1.218	1.098	1.377
弯曲较大	02	1	389	273	298	298
宽度不够	03	1	1.25	1.833	1.5	1.167
净空高度不够	04	1	1.053	1.145	1.066	1.118
能见度差	05	1	0.816	3.263	0.697	1.289
船舶容量大	06	1	0.915	0.625	0.647	0.625
监管不力	07	1	1.351	1.588	1.088	1.919
水流条件差	08	1	1.905	1.333	0.952	0.952
浮标设置差	09	1	0.444	0.167	0.111	0.167

根据表 6.2，求出差 $\Delta_{0i}(k)=|y_0(k)-y_i(k)|$，得到如下序列

$$
\begin{aligned}
\Delta_{01} &= (0,\ 0.124,\ 0.054,\ 0.099,\ 0.163)\\
\Delta_{02} &= (0,\ 387.837,\ 271.836,\ 297.001,\ 296.786)\\
\Delta_{03} &= (0,\ 0.087,\ 0.669,\ 0.501,\ 0.047)\\
\Delta_{04} &= (0,\ 0.11,\ 0.019,\ 0.067,\ 0.096)\\
\Delta_{05} &= (0,\ 0.347,\ 2.099,\ 0.302,\ 0.075)\\
\Delta_{06} &= (0,\ 0.248,\ 0.539,\ 0.352,\ 0.589)\\
\Delta_{07} &= (0,\ 0.188,\ 0.424,\ 0.089,\ 0.705)\\
\Delta_{08} &= (0,\ 0.742,\ 0.169,\ 0.047,\ 0.262)\\
\Delta_{09} &= (0,\ 0.719,\ 0.997,\ 0.888,\ 1.047)
\end{aligned}
\tag{6.16}
$$

从以上差值中可以看出

$$
\Delta\text{min} = 0;\Delta\text{max} = 387.96 \tag{6.17}
$$

如果令 $\rho = 0.5$，则有

$$
\xi_{0j(k)} = \frac{0 + 0.5 \times 387.837}{\Delta_{0i} + 0.5 \times 387.837} \tag{6.18}
$$

根据式（6.16）可分别计算出

$$
\begin{aligned}
\xi_{01} &= (1,\ 0.999,\ 1,\ 0.999,\ 0.999)\\
\xi_{02} &= (1,\ 0.333,\ 0.416,\ 0.395,\ 0.395)\\
\xi_{03} &= (1,\ 0.999,\ 0.997,\ 0.997,\ 1)\\
\xi_{04} &= (1,\ 0.999,\ 1,\ 1,\ 1)\\
\xi_{05} &= (1,\ 0.998,\ 0.989,\ 0.998,\ 1)\\
\xi_{06} &= (1,\ 0.999,\ 0.997,\ 0.998,\ 0.997)\\
\xi_{07} &= (1,\ 0.999,\ 0.998,\ 0.999,\ 0.996)\\
\xi_{08} &= (1,\ 0.996,\ 0.999,\ 1,\ 0.999)\\
\xi_{09} &= (1,\ 0.996,\ 0.995,\ 0.995,\ 0.995)
\end{aligned}
\tag{6.19}
$$

令 $r_i = \frac{1}{n}\sum_{k=1}^{n}\xi_{01}(k)$，则优势分析结果如下

$$\begin{bmatrix} r_{01} \\ r_{02} \\ r_{03} \\ r_{04} \\ r_{05} \\ r_{06} \\ r_{07} \\ r_{08} \\ r_{09} \end{bmatrix} = \begin{bmatrix} 0.999 \\ 0.508 \\ 0.999 \\ 1 \\ 0.997 \\ 0.998 \\ 0.998 \\ 0.999 \\ 0.996 \end{bmatrix} \tag{6.20}$$

从计算的关联度可以得出以下结论：从航道交通事故总事故及其事故类型的关联性可知，事故类型与总事故数的关联度排序为：净空高度不够＞水深不足＝水流条件差＝宽度不够＞船舶流量大＝监管不力＞能见度差＞浮标设置差＞弯曲较大。以上9个因素的比较中，最小因素值为 $r_{02}=0.508$，这说明，除了曲率以外，其他原因均对事故总数造成重要影响，是全年航道交通事故形成的重要原因，尤其是净空高度、水深、水流条件和航道宽度等因素，对该航道总体交通事故的形成影响最大。下一步应该从航道的净空高度、水深、水流条件和宽度等方面入手，将航道朝着有利于通航安全方向进行改造。

研究人员认为，灰色系统理论的基本理论和方法（关联分析、灰色预测、灰色控制等）已在许多领域中应用并产生相当的影响。通过对以上某航道交通事故进行统计关联分析，证明该方法具有一定的实用价值。它从定量的角度给出了各有关因素之间的相互关系，这对于综合评价航道交通事故原因，更好地对航道采取预控和改造措施，提供了重要的参考依据。

6.5 本章小结

本章研究了数理统计知识在航道设计中的应用，得出了以下重要结论。

（1）船舶在航道内航行服从正态分布，根据这一理论，提出了基于大量统计数据基础上的船间间距、船岸间距设计方法，并提出了具体的设计数学模型。

（2）提出了基于小样本数据的航道灰色关联评价方法，根据评价结论，可对航道进行优化整治。

7 航道等级划分

本章比较研究国内外航道划分，并在此基础上提出我国航道划分的不足之处及改进措施。

7.1 航道等级划分的意义

划分航道等级，有利于对航道统一标准。所谓统一标准就是根据近期和远期船队船型、航行条件、运输状况及建设费用等因素，将航道划分成不同的等级，按照其级别规定相应的航道尺度和通航建筑物的尺度。统一各航道标准犹如统一铁路轨距一样，对于建设现代化内航道网络有着十分重要的意义。只有统一了船舶和航道标准，才能做到江河湖海相通，船舶才能深入腹地，扩大直航范围，减少中转倒载，降低运价，使沿海和内河航运在国民经济中发挥更大的作用，促进内河航运和我国经济的可持续发展。

7.2 我国航道等级划分现状

7.2.1 航道等级评定的原则及范围

1）评定范围

（1）按《内河通航标准》，将内河航道定为Ⅰ～Ⅶ级的航道。

（2）国境河流、湖泊、水库及规划通航的航道。

（3）Ⅶ级以下的内河航道等级，按省、自治区、直辖市交通主管部门的规定自行评定。

2）评定的基本依据

（1）《中华人民共和国水法》、《中华人民共和国航道管理条例》及其《实施细则》等有关法律、法规、规章。

（2）中华人民共和国《内河通航标准》。

（3）国务院、国务院有关部门和省、自治区、直辖市人民政府组织编制或审查通过的有关江河流域综合规划、航运规划。

（4）国务院、国务院有关部门和省、自治区、直辖市人民政府发改委、住建委等部门批准的航道、航运综合利用工程文件中有关航道等级、标准的规定。

（5）县以上地方人民政府组织编制或批准的地区规划及工程项目中符合航道发展需要的航道等级标准的规定。

（6）对尚无规划的通航河流，经技术经济论证确定的航道等级。

3）评定的原则

（1）航道定级应充分考虑航运远期发展的需要，将定为Ⅰ～Ⅳ级航道的水平年为2030年。Ⅴ级以下航道的水平年为2020年，重要航道经论证可采取更长的水平年。

（2）航道定级应考虑航道基本条件和开发治理的可能性。

（3）航道定级要有利干支、江海的直达运输，有利于水运主通道和现代化航道网的建设。

（4）航道定级应结合江河流域、铁路、公路、城市、军事、林业、船舶工业等部门的发展规划综合考虑。

（5）应综合考虑航道在综合运输网和水资源综合利用中的地位和作用及邻省干支航道的等级标准。

4）评定工作中的几个关系

（1）航道技术等级与规划的关系。在评定工作大纲中，强调航道技术等级的确定应结合有关规划进行。原则上应与有关规划一致，特别是经国务院批准的流域综合利用规划中所确认的航道技术等级，应作为主要依据。同时评审组应也注意到一些规划因制定时间较早，规划水平年较短，与现状有较大出入，对个别河段经反复研究认为确需调整的航道技术等级，予以合理调整。

（2）航道技术等级与水电枢纽建设的关系。航道技术等级确定后，水电枢纽的通航建筑物的标准也就相应确定，这是水电部门十分关心的问题。因此在评审过程中，对这一类的航道技术等级的确定要非常慎重，并明确审定的航道技术等级不作为改变现有水电枢纽运行方式的依据，对规划的综合利用水电枢纽的过船建筑物的标准及具体尺寸，一般都要求在建设时结合具体情况作进一步研究确定。

（3）关于确定通航海船的内河航道技术等级问题。我国沿海地区的内河航道下游段，一般都通航海船，海船对通航的净空要求与内河船舶不同，要通盘考虑500吨级以上海船通航的要求。

（4）关于V级以下航道（含V级）技术等级问题。据相关资料分析，V级以下的航道，往往是水利、水电开发的重点河流。为做好V级以下航道技术等级的审批工作，交通部向各省、自治区、直辖市人民政府办公厅发文，请各省在批准V级以下航道技术等级时，应认真听取中央有关部委如水利、电力等部门在各地设立的管理机构的意见，以使确定的航道技术等级更加合理。

7.2.2 我国航道及其定级情况

新中国成立初期，全国内河航道通航里程只有 7.36×10^4 km，水运是当时的主要运输方式，1962 年通航里程发展到了 17×10^4 km，水运对当时的国民经济发展做出了巨大的贡献。此后，由于公路、铁路加速发展，水路进入结构调整期，内河航道缺乏建设资金，长期失修、失养，加上大批闸坝碍航等原因，造成了内河通航里程逐年减少，截至2000年，全国内河通航里程降为11.93×10^4 km，按《内河通航标准》（GBJ 139—90）等级划分标准，全国内河Ⅰ～Ⅲ级航道为8 293 km，占总里程的7%，Ⅰ～Ⅴ级航道里程合计为2.306×10^4 km，占总里程的19%，Ⅵ级以下航道占总里程的81%。为了保护航道资源，自1994—2000年，全国首次开展了内河航道技术等级评定工作，共评定航道117 249 km，其中Ⅰ～Ⅲ级航道12 764.8 km，占总里程的11%，Ⅰ～Ⅴ级航道37 677.4 km，占总里程的32%（表7.1）。

表7.1 全国内河航道技术等级与现状里程统计表 单位：km

等级	Ⅰ	Ⅱ	Ⅲ	Ⅳ	Ⅴ	Ⅵ	Ⅶ	以外	合计
定级里程	2 911.5	2 157.2	7 696.1	6 973.8	17 938.8	23 883.4	19 097	36 591	117 249
现状里程	2 946	1 960	3 387	85 416	9 351	20 953	17 354	57 958	119 325

2014年修订的《内河通航标准》（GB 50139—2014），将我国内河航道划分为7个等级，不同的等级对应通航不同吨位的船舶，同时也按照相应的等级，执行相应的管理、疏浚政策。目前我国内河航道等级划分情况见表7.2。

表7.2 我国内河航道定级情况

等级	Ⅰ	Ⅱ	Ⅲ	Ⅳ	Ⅴ	Ⅵ	Ⅶ
通航船舶/t	3 000	2 000	1 000	500	300	100	50

7.3 航道等级划分探讨

7.3.1 国外航道等级划分情况

1）欧洲内河等级划分

欧洲内河水运已形成一个四通八达的运输网络，将欧洲重要经济中心与主要港口联系起来。对于不同规模的内河运输，有不同的内河等级。欧洲内河等级的划分始于1962年，并在1993年将其作了最新的修订，航道、船闸、桥梁的设计以划分的航道等级为依据。欧洲内河等级划分由欧盟交通部委员会通过，划分标准如表7.3所示。

表7.3　欧洲内河等级（ECMT）

等级	船长/m	船宽/m	吃水/m	船高/m	典型吨位/t
1	38.5	5.05	2.2	4.0	300
2	55	6.06	2.5	4.5	550
3	80	8.2	2.5	5.5	900
4	85	9.5	2.5	5.25	1 350
5a	110	11.4	2.8	7.0	2 000
5b	185	11.4	2.8	7.0	3 600
6a	195	22.8	4.5	9.1	11 000
6b	280	22.8	4.5	9.1	16 500
6c	200	34.2	4.5	9.1	16 500

根据内河航道等级，欧盟交通部规定内河运输网络最低的技术标准为：目前航道至少达到4级（1 350 t），将来目标达5级（2 000 t）以上。

2）美国的航道分级指标

美国的航道尺度，以航道水深作为分级的指标，结合选定船舶吨位和船型。如美国密西西比河水系航道水深分为5级，分别为：1.83 m、2.74 m、3.66 m、4.26 m和12.20 m。相应的典型分节驳和自航驳吨位分别为：小于760 t、960 t、1 240 t、2 100 t、大于2 100 t。其中以2.74 m为航道网的标准水深，以3.66 m为航道远景规划水深目标。密西西比河水系经过15年治理，特别是近70年的全面治理、综合利用开发，现在基本建成江河湖海相连、四通八达、通航里程近10 000 km的统一标准水深的航道网。这样，千吨级驳船组成的无人分节大型顶推船队可以通行到达航道网上的任何城镇和工厂。目前，美国内河航道水深在2.74 m以上的航道里程有25 225 km，占全国通航里程41 105 km的61.4%，其中密西西比河水系通航里程为19 875 km，水深在2.74 m以上的航道9 700 km，占48.8%（表7.4）。欧美发达国家通过制定高标准的通航尺度，逐步建立了通江达海的高等级内河航道网，完善了综合运输网络，促进了经济贸易的发展。欧美国家航道等级划分给我们的启示是：航道等级划分不但要参照代表船型的长度和宽度，而且还应参照航道的水深；同时，航道等级划分应该结合本国实际，着眼于长远，着眼于通江达海。

表7.4 美国航道水深及里程表

航道水深/m	<1.83	1.83 ~ 2.74	2.74 ~ 3.66	3.66 ~ 4.26	≥4.26
里程/km	10 222	5 658	11 226	6 490	7 509
典型船型/t（分节驳）	<760	760 ~ 960	960 ~ 1 240	1 240 ~ 2 100	>2 100

7.3.2 我国航道等级划分不足之处

1）Ⅵ、Ⅶ级航道运输成本高，不能发挥优势

我国Ⅵ、Ⅶ级航道为通行100 t和50 t船舶的航道尺度。水运的最凸显优势就是船舶的运输量大、成本低。而100 t以下的船舶在新中国成立初期，公路、铁路极不发达时曾起过重要作用，但时至今日，其运输成本与公路、铁路相比，已无优势可言，且中转环节较多，速度慢，已无法与公路、铁路竞争。这种低等级航道数量很大，运输作用很小，没有养护价值，事实上已经大量荒废，货物多弃水走陆。

2）Ⅵ、Ⅶ级航道尺度标准审批涉航建筑物尺度，形成了一大批新的碍航闸坝、桥梁，制约了水运的可持续发展

山区水运的发展，主要依靠渠化来大幅度提高航道等级。新中国成立50多年来，水利、电力等部门在山区河流上兴建了一大批水电综合枢纽，

形成了数千千米的深水库区航道。但是，这些枢纽的通航建筑物多为50～100吨级，致使许多重要河流的航运价值几乎丧失殆尽。例如湖南资水的柘溪水电站，其过船设施仅为50吨级升船机，造成了航运资源的大幅度萎缩，只有库区零星货物的分段运输。沅水一级支流——酉水凤滩水电站，也是50吨级升船机，直接导致了酉水流域5个县的航运公司破产，2 000多名航运职工下岗分流。货运弃水走陆的严重后果基本原因是枢纽处于山区河流，当时通航的船舶吨位小，航道等级低，按现行通航标准属于Ⅵ、Ⅶ级航道，如果将这些水电枢纽的通航等级定在300吨级，今天这些河流的航运必然是另一番景象。在平原水网地区，虽然水运比较发达，但各地在铁路、公路的发展过程中，由于没有通盘考虑航道等级低、通航标准修订滞后的问题，致使一大批跨河桥梁净空、净跨不能适应航道等级提高的需要，严重阻碍了航道跨越式发展。如京杭大运河浙江段500吨级航道的建设，其改建跨河桥梁的费用就占了40%以上，造成了重复建设，加大了国家投资成本。

7.3.3 航道等级划分应考虑的因素

1）航道等级划分应充分考虑船型大型化发展趋势

随着我国经济的持续快速发展，内地货源越来越充足，为了减少中转费用，要求江海直达的大型船舶也越来越多。江海直达运输方式营运成本低、货物损耗少，缩短了货物的中转周期，实现了"门到门"的运输服务，符合现代物流趋势，受到了我国航运部门和企业的重视。我国的江海直达运输起步较晚，长江和其他水域航道虽经多年维护和治理，但仍多属天然航道，水深较浅，限制了江海直达运输的发展。在江海运输船型发展的初期多采用小型海船，并在长江下游港口开辟了至日本、香港地区航线；在珠江口区及西江干线开辟至香港、澳门或沿海的运输航线。20世纪70年代初，曾批量建造5 000吨级原油运输船，航行于长江中游的长岭至大连及日本等航线，但缺乏深入的系统研究。80 年代中后期迄今，我国江海直达运输方式得到了跨越式发展，黑龙江水系 1993 年建成了航行于日本的 1 500 吨级超浅吃水（吃水 2.7/3.3 m）江海直达多用途船，福建和浙江也分别于 80 年代中期和末期建成 1 000 吨级的多用途江海直达船。截至 2013 年，全国内河船舶平均吨位达到 800 载重吨，其中长江干线达到 1 600 载重吨，京杭运河达到 500 载重吨，西江干线达到 1 000 载重吨，其他内河达到 300 载重吨。另外，随着中国造船业的发展，沿江造船企业也开始为国内外建造大型船舶。与国外内河船舶大型化相比，我国内河船舶大型化发展还有很大的空间。

2）航道等级划分应充分考虑集装箱运输的发展

集装箱运输是现代物流的重要标志。国际集装箱运输发生于 20 世纪六七十年代，近十几年来国际集装箱运输业务繁忙，创造了现代物流业的辉煌，集装箱运输的优越性被世界所普遍认同。水路集装箱运输的优点在于：加快货物的运输速度，提高货运的准点率；加快船舶周转，提高营运效率；保证货运的准确率、完好率，提高货运质量；减少流通环节，降低运输成本。我国内河集装箱运输呈现快速发展态势。全国内河集装箱运输从无到有，发展迅速。据资料统计，2015 年 1 月到 7 月，我国内河集装箱吞吐量就达到 1 200 多万个 TEU。我国内河集装箱运输历经多年的发展已初具规模。内河港口集装箱吞吐量增速快，运输网络逐步完善，港口装卸能力提高，多式联运加快发展，显现了促进物流畅通、推进经济发展的重要作用，呈现巨大的市场潜力。

7.3.4　航道等级划分思考

（1）合理划分我国内河航道等级，大幅度提高最低航道等级尺度，这是内河航运跨越式发展的必然要求。

从全国内河航运完成的货运量来看，Ⅴ级以上航道是内河航运的主通道。近几年通过大力整治航道并相应提高等级，使得我国黄金水道长江航运蓬勃发展。2015 年长江干线货物通过量达到 21.8 亿 t，与 2010 年的 15.02 亿 t 相比，5 年增长超过 45%。“十二五”期间，长江航运系统大力推进航道整治建设、运力结构调整、港口转型升级和科技创新，长江干线航道通过能力提升近 50%。

（2）建议取消标准中Ⅵ、Ⅶ级航道标准，将最低等级定为Ⅴ级，这对于加速我国内河航运实现跨越式发展具有战略意义。

如上所述，现行标准中，航道等级为Ⅵ、Ⅶ级的航道，只能航行 50 ~ 100 吨级船舶，和现代社会大交通大运输量的运输工具比，不仅毫无优势可言，而且已成为我国内河航运发展的羁绊。如果河流的通航等级低，通航建筑物的通航标准也相应降低，不但不能发挥水运的优势，反而浪费了宝贵的水资源。尤其是西部大开发后，水电资源十分丰富的山区河流，渠化后本应是发展水运的黄金水道，目前却由于通航建筑物等级低、运价高，造成了大量物资弃水走陆。大部分山区河流的航运价值丧失。因此，取消现行标准中的Ⅵ、Ⅶ级通航标准，将目前内河通航最低等级定为Ⅴ级（300 t），这样，新建水电枢纽就可以更好地发挥水运运量大的优势，逐步延伸高等级内河运输网络。山区河流，可根据年径流量和潜在的货运量来划定是否纳入航道网络，纳入者最低为Ⅴ级航道；不纳入者，只考虑行洪需要，可缓建通航设施。

（3）将标准中的Ⅲ级（1 000 t）及以上航道定义为高等级航道，加快千吨级骨干航道网的建设步伐。

从欧美航运发达国家和我国航道现状的对比分析可以看出，千吨级航道是水运的主通道，既是水运充分发挥优势与可持续发展的结合点也是水运跨越式发展的起跳点。将标准中的Ⅲ级（1 000 t）及以上航道明确定义为高等级航道，并加快其建设步伐，既是与高等级公路网、高速铁路网相对应的高等级航道网的结合点，也是我国内河航运实现历史性发展的跨越线。它可以使航道、船闸、船舶尺度、桥梁净高形成比较统一的标准，有利于提高国民对航道建设事业的认同感和直观感，也为更好地改善航道的建设环境，建成统一标准的干支直达、通江达海的高等级航道提供不可或缺的有力保障与发展平台。

7.4 本章小结

通过对比研究国内外航道等级划分情况，本章得出了以下主要结论。

（1）航道等级划分不但要参照代表船型的长度和宽度，而且还应参照航道的水深；同时，航道等级划分应该结合本国实际，着眼于长远发展。

（2）我国航道等级划分标准偏低，形成了大批不利于通航的碍航物，因此我国应提高航道等级，将Ⅴ级航道界定为最低等级航道，加快千吨级航道建设。

（3）航道等级划分应充分考虑未来船型大型化和集装箱化发展趋势，因此航道等级划分也要与这一趋势相一致。

8　航道建筑物评价

本章将分析航道建筑物对通航的影响，并在此基础上探讨航道建筑物的评价原则和评价方法。

8.1　航道建筑物对通航的影响

随着水运及陆路交通运输的发展，临航道的港口码头、护岸堤坝和跨河的桥梁、管道、渡槽等工程也逐渐增多。港口码头、护岸堤坝和桥梁工程的建设，一方面可以改善现有的交通状况、提高河道抵御洪灾的能力，并起到带动地方经济的作用，但也不可避免使通航河流的航道条件发生相应的改变，若二者关系处理不当，轻则产生碍航作用，重则发生海损事故。为此，交通部及航运相关管理部门均制定并出台了相关文件进行行业管理。下面将从通航河流的航道条件出发，分析航道建筑物对航道通航条件的影响，并提出一些建议、措施，以供设计、施工单位及行业管理部门参考。

8.1.1　对航道尺度的影响

1）对航道宽度的影响

航道建筑物对航宽的影响主要表现为对航道航路的缩窄，建筑物的作用不同，其影响的方式也有所区别，分直接影响和间接影响两种。

（1）直接影响。位于水中的建筑物，由于需占据部分水域，建筑物所处位置的航道宽度将减小，若该处水深满足通航水深且位于上、下行的航路附近，也将缩窄通航宽度。如位于水中的港口码头、堤坝、靠泊是船和桥梁墩台等，它们对航宽的影响程度可以通过其具体的平面布置和设计参数进行确定，最终其有效航宽应满足该航道标准所规定的最小航度。应注意的是，影响程度可能会随水位的变化而变化，因此应考虑最低、最高通航水位两种极端情况。另外，对航道建筑物而言，有效通航宽度指的是航道底标以上桥墩（或墩柱）间的最小净宽，包括船舶（队）过桥时航行轨迹宽度和富余宽度两部分。为了使桥梁通航孔的净宽尺度满足通航要求，应尽量使桥轴线的法线方向与水流流向平行，当其交角超过5°时，根据《内河通航标准》应加大净宽尺度。如已经建成的重庆武隆乌江三桥，由于桥轴线法线与水流流向成近21°的交角，船舶（队）过桥时必须用较大的漂角才能克服水流作用力。通过计算，桥位处远期双向通航最小宽度由设计的120 m增大至126.7 m。

（2）间接影响。建筑物对航宽的间接影响主要是指船舶（队）停靠、作业对航道通航宽度的影响。船舶（队）停靠不仅需要一定的锚地水域，也需要一定的回旋水域，回旋水域尺度与港区处的风、浪、流和港区作业拖船设备、定位标志等条件有关，具体可参阅《港口设计规范》，一般其回旋（椭）圆直径在1.5～3.0倍船舶（队）长度。由于回旋水域宽度较大，对河道的有效航宽减小过多，因此一般规定航行水域可以和回旋水域共用，但过往船舶（队）及进港作业船舶（队）应服从统一指挥，加强瞭望，谨慎驾驶。

2）对航道水深的影响

航道建筑物一般不直接影响航道的航深，但应分析建筑物水下部分对航道河床演变的影响。由于建筑物将对河道水流起到一定的节点控制和扰流作用，相应在建筑物周围的流场变化会导致局部范围的河床变形。对于长江上游的山区河流，河床多为较为坚硬的石质河床，抗冲性强，河床变形相对较小，除建筑物上游有一定的淤积外，一般可忽略其对水深的影响；对于中、下游的平原地区，冲积性河道居多，床沙颗粒细，易冲淤变形，应考虑由于局部河床边界的改变所带来的河床变形，并分析其对航道水深的影响。

3）对航道转弯半径及通视距离的影响

在弯曲航道中修建如防洪堤、防波堤、桥梁、顺水流向布置的下河公路式码头等大型水工建筑物，若占据了较多的航道水域，可能会导致航道弯曲半径和通视距离的改变。我国一般规定航道最小弯曲半径为顶推船队长度的3倍、单船或拖带船队最大驳船的4倍，特殊困难航道难以达到此值时，弯曲半径可适当缩小，但不得小于顶推船队长度的2倍、拖带船队最大单船长度的3倍。在弯道上航行，通视条件也十分重要，以便安全会让对方来船，通视距离与航道宽度和航道弯曲半径有关，可采用相关计算公式计算，习惯上以不小于船队长度的3倍为宜。

4）对通航净空高度的影响

航道岸边的机械设备、管道、电缆等工程应有足够的水上净空高度，以便船舶（队）能安全、顺利地通过。净空高度指的是设计最高通航水位以上至建筑物底部（如桥面底部）的垂直距离。设计最高通航水位的标准，应根据航道等级依国家颁布的标准执行。净空高度的数值应满足设计船舶（队）空载的水上高度加富余值，或依据《内河通航标准》所规定的净空高度值。值得一提的是，对一些底部为曲线形的桥面（如拱桥），通航净空高度应考虑净空宽度的要求，即满足通航净空宽度的水上净空尺度才是实际的净空高度。如我国建造的第一座长江大桥，南京长江大桥，由于净空高度不够，造成5 000 t以上船舶很难沿江而上。

8.1.2 对航道水流条件的影响

航道中的水流条件主要指水流的表面流速和局部比降，若表面流速和局部比降过大，上行船舶（队）的推力将不能克服逆流阻力而上行；下行船舶（队）的舵效也难以发挥，造成船舶（队）操纵困难。跨河、临河建筑物对航道水流条件的影响与建筑物的布置、建筑物所占的河道过水断面面积、建筑物水下的结构形式等有关，因此为降低建筑物对水流条件的影响程度，在规划、设计时，应尽量遵循以下几点。

（1）建筑物应尽可能顺水流方向布置，尽量减小建筑物水下部分对水流流态的干扰。建筑物水下部分的布置方向对河道水流条件影响较大，主要是其表现出的挑流作用，如堤坝顺岸布置可以起到归顺水流的顺坝作用；反之，若堤坝、桥墩与航道水流流向夹角偏大，则会起到斜挑丁坝的作用，显然这对水流的干扰较大，不可取。

（2）应尽可能少地占据河道过水断面积。由于航道建筑物挤压水流，使建筑物上游河道形成壅水、建筑物处流速增大、建筑物下游水位降低，其影响程度主要取决于河道过水面积的占据率，因此大跨度的跨河建筑物及贴岸坡布置的临河建筑物对河道水流条件干扰较小。

（3）建筑物水下部分尽可能呈流线形。水下建筑物的轮廓形式对航道局部流场影响较大，突变的结构型式容易使水流离体从而形成较大尺度的漩涡，加大了船舶（队）在该水域行驶的难度，所以应选用流线形的桥墩，顺岸布置的堤坝其转折角也不宜过大。

8.1.3 对航路、航法的影响

天然航道船舶（队）航行均有其习惯的上、下行航路，一般遵循上行走缓水、下行沿主流的航行特点。临河、跨河建筑物的修建是否影响或改变其原有的航路、航法，可以从以下几个方面入手进行分析：①跨河建筑物的墩台是否位于船舶（队）上、下行的航迹带上。航道建筑物如桥梁工程采用一跨过江的方案固然最好，但当受到地形、地质、技术和投资等各方面要求的限制时，主桥跨度往往有限，桥墩位布设有时不能避开船舶

（队）上行或下行的航迹带，此时船舶（队）的习惯航路、航法应做相应的调整。②航道建筑物由于其宽度的限制一般不会占据河道的航路，但应分析该工程是否会给船舶（队）航行带来间接的影响。如位于河岸的港区码头，由于是船和锚地常年占据的河道水域，因此不能和航行水域共用，若这两个水域形成了交叉，也应适当调整原有的航路、航法。③航行水流条件的较大改变可能导致航路、航法的改变。在条件许可的情况下，船舶（队）上、下行一般各行其道、互不干扰（控制航道段除外），且自动选择航行水流条件较好的水域通航。若航道中由于建筑物的存在导致水流条件的较大改变，使得原有航路上的航行水流条件不满足船舶（队）的通航要求，此时习惯的航路、航法亦应随之变化，以适应工程修建后船舶（队）的航行要求。

8.1.4 对航行标志的影响

航道航标是船舶（队）在航道安全航行的重要助航设施，它的主要功能是标示航道的方向、界限与障碍物，为船舶（队）航行指示安全、经济的航道。根据航道条件和运输繁忙程度等要求，航标配布在航道中可分为4类，其相应的各种技术要求可参阅相关的规范规定。航道建筑物对航道标志的影响主要表现在以下两个方面：①建筑物对航道标志的遮挡。航道建筑物的水上部分（如桥墩台、桥面板、桥塔、缆索及码头）均有可能遮挡附近水域的助航标志（以浮标、岸标、灯塔、界限标、示位标等居多），减小船舶（队）的通视距离，从而影响船舶（队）的正常航行；②某些要求夜间发光的航标（发光标志）易受到其他光源的干扰和混淆。码头及桥梁建筑物上发光体较多，强度也较大，容易和发光标志产生混淆，影响了其对船舶（队）夜间导航的效果，从而干扰船舶（队）的夜间航行。

8.2 航道建筑物评价

随着我国经济的蓬勃发展，沿大江大河的航道建筑物会越来越多。如果这些临河建筑物没有经过科学的评价而盲目建设，不仅造成资金浪费，还会阻碍航路，影响内河运输的发展。然而，我国的《内河通航标准》对航道建筑物评价标准不够充分，这对我国的内河水路运输是不利的。因此，航道建筑物建设之前，应该经过科学的评价。航道建筑物评价应该以包括建立数学模型在内的理论分析为主，结合实船试验的数据进行系统科学的综合评价，从而得出较为科学的评价结论，为施工单位提供依据。

8.2.1 航道建筑物评价依据

航道建筑物的评价应该以我国的法律法规、政府文件和国际上通行的准则为依据，以下一些法律法规和规则应该是重要的依据。

（1）《中华人民共和国港口法》（2015 年修正版）。

（2）《中华人民共和国内河交通安全管理条例》，国务院［2002］第 355 号令，2002 年 8 月。

（3）《中华人民共和国消防法》，（2009 年 5 月 1 日实施）。

（4）《中华人民共和国水上水下施工作业通航安全管理规定》（交通部令［1999］第 4 号）。

（5）《中华人民共和国海事行政许可条件规定》（交通部 2015 年第 7 号令）。

（6）《1972 年国际海上避碰规则公约》。

（7）《中华人民共和国内河避碰规则》（交海发［2003］357 号）。

（8）《河港工程设计规范》（JTJ 212—2006）。

（9）《内河航道与港口水文规范》（JT J214—2000）。

（10）《中国海区水上助航标志》（GB 4696—1999）。

（11）《通航海轮桥梁通航标准》（JTJ 311—97）。

（12）《跨越国家航道的桥梁通航净空尺度和技术要求的审查办法》，交通部（1994 年 9 月 10 日）。

（13）《港口安全评价管理办法》，交通部、国家安全生产监督局，2004 年 10 月 1 日。

（14）《中华人民共和国沿海航标管理办法》（交通部，2003）。

（15）《中华人民共和国航道管理条例》（国务院，国发［2008］545 号）。

（16）《中华人民共和国防治船舶污染海洋环境管理条例》（国发［2009］561 号）。

8.2.2 航道建筑物评价的内容

航道建筑物应该以相应的法律法规和规范为依据，进行科学评价。评价的内容应该包括：航道建筑物附近水域通航环境分析评价（它包括水文、潮汐、潮流、波浪、风、气温、降水、雾及能见度等要素的分析评价）；航道建筑物水域交通环境分析评价（它包括航道建筑物水域水上交通安全管理现状评价、附近水域船舶航路和航法评价、交通流统计与预测、交通安全评估、与周围水域其他水工设施的相互影响评价）；航道建筑物水域尺度要素评价（它包括对航道宽度的影响评价、对航道水深的影响评价、对航道净空的影响评价、对航道水流的影响评价）；航道建筑物竣工后对通航环境的影响评价（包括对船舶习惯航路、航法、瞭望、操纵、停泊、避碰的影响、船舶碰撞与搁浅风险评估、航道稳定性的影响评价、航道稳定的影响评价）；航道建筑物建成后对通航安全可能产生的问题及安全保障措施与建议等。

8.3 本章小结

本章的主要结论如下。

（1）从安全通航的角度来看，航道建筑物的建设必须得到充分评估，以尽量减少对通航的影响。

（2）航道建筑物的评价应该以我国的法律法规、政府文件和国际上通行的准则为依据，并提出了重要的评估参考文件。

（3）提出了航道建筑物通航评估的主要内容。

9　舟山江海联运航道通航论证实例

本章应用前文各章节的理论成果，以舟山江海联运航道设计为例，研究航道优化布置设计流程。

9.1　概述

9.1.1　航道通航论证概述

航道是船舶航行的载体，航道建成以后或航道改变以后，就必须进行通航论证。航道通航论证的目的，就是从船舶通航安全角度出发，论证各种航道条件是否能确保船舶的安全。航道通航论证应充分考虑各种因素，这些因素包括：航道的风、浪条件，航道的水流条件，航道的宽度条件，航道的水深条件，航道的净空高度条件，航道的曲率条件，等等。其中，航道的宽度、水深是船舶通航的基本条件，也是通航论证所要讨论的重要航道条件。下文以舟山港江海联运通航论证为实例，进一步阐明航道通航论证的基本方法。

9.1.2　舟山江海联运产生的背景

舟山位于我国东南沿海长江、钱塘江和甬江三江入海的交汇处，背靠长江经济带与东部沿海经济带“T”形交汇的长江三角洲地区，是我国东部沿海和长江流域走向世界的主要海上门户，与东北亚及西太平洋一线主力港口釜山、长崎、高雄、香港、新加坡等构成一个 500 n mile 等距离的扇形海运网络。随着上海国际航运中心的基本建成和宁波—舟山港的一体化，宁波—舟山港和上海港的货物吞吐量已跃居为世界第一和第二大港，舟山正成为我国江海联运的重要支点。2014 年 11 月，李克强总理视察舟山时强调，要把舟山建设成为“江海联运服务中心”，并明确指出舟山是长江经济带发展的一个战略支点，舟山江海联运是国家战略。2014 年 12 月，国家发改委和交通运输部召开专题会议，研究舟山江海联运服务中心建设问题，对舟山江海联运服务中心建设的概念、内涵、定位、功能等进行了讨论。同时，浙江省委省政府也专门召开了“舟山江海联运”部署会议，进一步明确了“舟山江海联运服务中心”建设的任务和目标。舟山市委市政府也多次召开会议，明确指出建设舟山江海联运服务中心任重而道远，要求全市上下一定要树立服从国家战略的政治意识、实施国家战略的机遇意识、落实国家战略的担当意识，抢抓机遇，积极行动，在新区发展史上写下浓墨重彩的一笔。江海联运船把内河港口和舟山港口直接联系起来，不仅有利于减少因中转所需港口设施的巨额投资，缓解中转压力，还降低了货损货差率，加快了货物送达速度，提高了运输效率。江海联运的建设对于转变长三角地区地区水运经济发展方式，构建一体化的集疏运网络体系和现代航运服务体系，推动长三角社会、经济的可持续发展，具有十分重要的意义。

9.2 舟山航道通航状况分析

9.2.1 航道总体情况

舟山港现有的港口泊位主要集中于定海、老塘山、金塘、沈家门、马岙、高亭、六横、衢山、泗礁、绿华及洋山等地。以舟山本岛为中心，在其东北方向自北向南依次存在的较大岛屿有：马鞍列岛、嵊泗列岛、衢山岛、岱山岛和秀山岛。在舟山本岛的西南方位，自北向南依次有桃花岛、虾峙门岛、六横岛。在舟山本岛的西部主要是宁波港。

舟山四通八达，各岛屿之间均有可通航的航道。舟山海域附近共有大小航道170多条，其中到达定海港的航道就达到17条之多。桃花岛与虾峙门岛之间的虾峙门航道是舟山通往外海的主要航道。舟山各主要航道情况见表9.1。舟山群岛的部分航门、水道的涨落潮流速可达3～4 kn，强劲的水流对维持港口岸线和航道水深起关键性作用。舟山港每年约有3.7次台风影响本地区，最大风力可达12级以上。舟山主要航道的水深条件、宽度条件以及气象条件，也决定了各自的通航状况。纵贯舟山群岛的航路主要有5条，按其位置自北向南依次称为外航路、东航路、中航路、西航路和内航路。

（1）外航路。自长江口，经花鸟山、嵊山、浪岗山列岛、外甩礁（两兄弟屿）、渔山列岛东方海面，此航路适合大型船舶南行。外航路所经海域宽阔，航路宽度为4 n mile，舟山海域内航段水深大于30 m，最深处达70 m。该航路的航法一般为：从长江口或北方出发，向花鸟山灯塔东方8.2 n mile处航行，过花鸟山后转为154°航行，通过浪岗山列岛的中块岛灯桩，航行至29°47.6′N、123°25.8′E转航向至213°航行驶出舟山。

（2）东航路。自长江口、经西半洋礁西方、小龟山东方、外洋鞍岛西方，驶出渔山列岛西方海面，该航路是较大型船舶驶出舟山的航路。东航路水深18～70 m，水深不足20 m的航段位于岱衢洋外蜂巢岩西方，长度约7.5 n mile，该航路各段水域宽阔，宽度大约为4 n mile，小板门宽度不足2 n mile。

（3）中航路。自长江口、经大戢山东方、白节峡、小板门、外洋鞍岛西方，驶出渔山列岛西方海面。该航路水深普遍为9～16 m，通常也是较大船舶的常用航路，也是对外国籍船舶开放航路。

（4）内航路。自长江口南支灯船，经大戢山东方、癞头屿灯桩西方、岱山水道、莲花洋、普沈水道、白沙水道，驶向韭山列岛以东海域，该航道是中小型船舶常用航道。自长江口南支灯船至癞头屿灯桩西方水深较浅，仅6.2～13.2 m。长江口来船进入岱山水道，航路转弯角度较大，水流流速增大，而航路宽度变小，最窄处航路仅1 000 m。岱山水道南口有百世石，其南方还有暗礁，船舶航经此处应注意避让。在莲花洋口门有一浅段，最小水深6.6 m，水深不足10 m段长度约为4 km。船舶出莲花洋进入普沈水道、白沙水道通航没什么困难。白沙水道水深大于40 m，40 m等深线间距最窄处有700 m，其口外海域水深大于15 m，船舶由此继续往南可驶向韭山列岛以东海面。

（5）西航路。自长江口南支灯船经过东海大桥主通航孔至鱼腥脑灯塔西方，或从长江口船舶定线制通航分道口经金山航路至鱼腥脑灯塔西方，经金塘水道或向西堠门、螺头水道、双屿门、牛鼻山水道往南航行。该航路是中小型船舶常用航路。自长江口南支灯船经过东海大桥主通航孔至鱼腥脑灯塔西方，航路水深6～12 m，海域宽阔，但受东海大桥通航孔限制，仅可满足5 000吨级船舶或小于万吨级船舶通航，大于万吨级船舶自长江口船舶定线制通航分道口经金山航道至鱼腥脑附近，可避开东海大桥继续南行。舟山海域的具体航路见图9.1。

表9.1 舟山主要大型航道

航道名称	航道起点	航道讫点	航道水深/m	航道宽度/m
虾峙门口外航道	虾峙门口外灯浮	虾峙门航道	25.7	390
虾峙门航道	虾峙门南北锚地	螺头水道	30	700～2 000
条帚门航道	虾峙门口外灯浮	佛渡水道	>20	>580
螺头水道	马峙锚地	大榭	40	2 000
册子水道	螺头水道	册子岛	>25	4 000
金塘水道	册子水道	金塘港区	>25	2 000
佛渡水道	双屿门	马峙锚地	>25	800
灌门水道	香炉花瓶礁锚地	马岙港区	20	550～1 000
龟山航门	香炉花瓶礁锚地	高亭港区	14.5	500
岱山水道	长途山南锚地西侧	岱山岛东侧	15	800
马迹山航道	马迹山港2号锚地	马迹山航道	21.5	800～1 200
洋山港区航道	洋山外锚地北侧	洋山港	20	1 500
绿华山航道	绿华山南锚地	马迹山2号锚地	20	1 500
马岙港公共航道	香炉花瓶礁东侧	马岙港区前沿	15.9	550～1 000

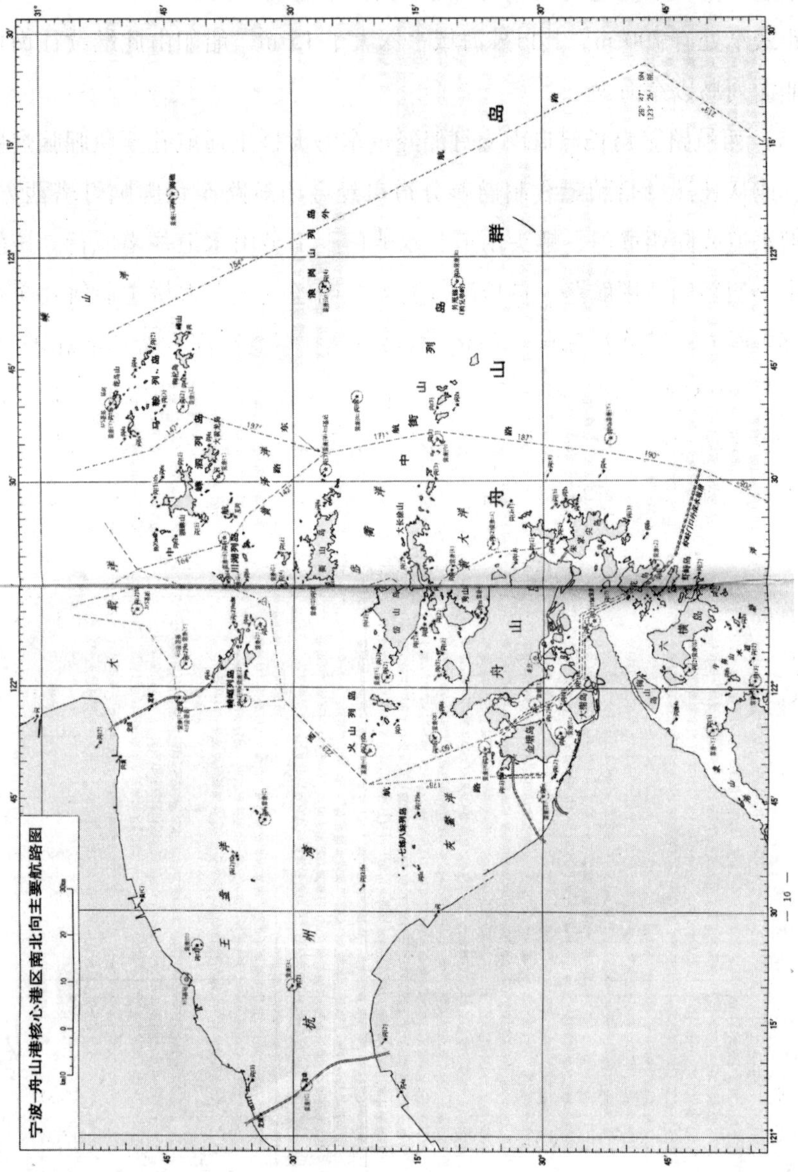

图9.1 舟山海域主要航路

9.2.2 航道里程分析

通过以上分析可知，船舶自舟山港区开往长江口的主要航路是西航路和内航路。外航路、东航路、中航路并不穿越舟山港区，但它们经过舟山港附近，是舟山船舶通往世界各地和长江口的外部通道。外航路、东航路、中航路水深条件优越，可供大型船舶通航。虽然船舶绕道也可经外航路、东航路、中航路从长江口到舟山各港口，但相应航程较远，属于非经济航线。舟山群岛各港区经西航路到达大戢洋附近（南汇附近）航程见表9.2；舟山群岛各港区经内航路到达大戢洋附近（南汇附近）航程见表9.3。

表9.2 舟山至长江口航程（西航路） 单位：n mile

起点	终点	过东海大桥航程	不过东海大桥航程
金塘岛	大戢洋（南汇附近）	53	62
舟山主岛	大戢洋（南汇附近）	53	62
桃花岛	大戢洋（南汇附近）	78	87
六横岛	大戢洋（南汇附近）	84	93
朱家尖岛	大戢洋（南汇附近）	80	89

表9.3 舟山至长江口航程（内航路） 单位：n mile

起点	终点	航道航程
岱山岛	大戢洋（南汇附近）	33
衢山岛	大戢洋（南汇附近）	25
舟山主岛	大戢洋（南汇附近）	46
朱家尖岛	大戢洋（南汇附近）	56
桃花岛	大戢洋（南汇附近）	66
六横岛	大戢洋（南汇附近）	72

分析表9.2和表9.3中的数据可发现，从长江口经内航路到达舟山各主要港距离最近，属于最经济航线。其次航程较短的航线是从长江口从西

航路经东海大桥到达舟山西部各港口。不过东海大桥，从西航路经金山水道到达舟山西部各港口的航程相对较远。航程最远的航线是从长江口经外航路、东航路、中航路到达舟山各港，但这些航线水深条件优越。如果较大型船舶受到水深条件限制从长江口开往舟山，可考虑从长江口出发选择中航路南下，经川湖列岛西行转入内航路，这样的航行路径会比相应的内航路航程多 12 n mile 左右。从杭州湾和宁波港出发到舟山的船舶，从航程最短的角度出发，最好选择西航路航行。总之，航线的选择除了考虑航程以外，还应考虑航道宽度、水深等条件，航线的选择应以船舶安全为最高目标，综合考虑各种因素灵活处理。

9.2.3 航道宽度及水深条件分析

大小洋山以南，西航路水深大部分在 9 m 左右。因此大小洋山以南，西航路通航船舶最小不要超过万吨级，最适合通航 8 000 吨级及以下船舶。按照第三章、第四章的计算标准，5 000 吨级船舶双向通航所需要的航宽在 270 m 左右，而东海大桥主通航孔的宽度达到 300 m，因此经过东海大桥的船舶，其吨位应控制在 5 000 t 以下。大小洋山到达长江口的航道水深、航道宽度条件良好，万吨级船舶可直达。内航路最小水深有 10 m 左右，航道宽度均超过 1 000 m，万吨级船舶可经内航路来往于舟山和长江口之间。

9.2.4 舟山—长江口通航综合分析

综合分析舟山与长江口通航的航道航程、航道水深和航道宽度条件，可得出以下结论：①船舶从长江口到达嵊泗港、衢山港东部，可选择沿东航路或中航路航行。这条航线水深和宽度条件优越，可供 10 万吨级船舶通航；②万吨级及以下船舶从长江口到达岱山港东部、衢山港西部、舟山本岛东部及北部、朱家尖、桃花岛、六横岛，可选择内航路航行；③ 8 000

吨级及以下船舶从长江口到达岱山岛西部、金塘岛、舟山本岛西部，可选择西航路航行。其中5 000吨级及以下船舶可通过东海大桥，5 000吨级以上船舶应选择走金山水道；④特大型船舶从长江口到舟山，可选择外航路、东航路、中航路绕道航行，相应航程较远。

9.3 长江航道通航状况分析

9.3.1 长江航运概况

长江干流横贯东西，将我国西南、华中、华东三大经济区，有机联系起来，是我国“T”形发展战略中的重要骨架。目前，已基本形成华东地区以上海和南京为中心、华中地区以武汉为中心、西南地区以重庆为中心的基本格局。长江沿线经济发展水平东高西低，自然资源东贫西丰，梯度性和互补性明显，沿江经济的发展、浦东开发、皖江发展战略、武汉新港建设、三峡工程建设以及西部大开发战略的实施，使长江经济带成为国家的投资重点和外商投资热点，沿江地区社会经济全面、协调、可持续发展需要三大经济区加强互动协作，区域之间将产生巨大的物流需求。长江航运是沿江运输通道的主体，作为连接中西部地区的大通道，以其得天独厚的区域优势及巨大的水运能力，在区域经济协作中将发挥极其重要且不可替代的作用。

长江航运是我国对外开放的重要依托及西部开发的有力支撑，长江航运为我国的对外开放做出了重大贡献，加入WTO后，我国对外交流与合作的层次和领域更加广泛，江海直达运输及外轮进江更为频繁，随着上海国际经济、贸易、金融和航运中心的形成，必将带动长江三角洲乃至整个长江流域的发展。长江航运历来是西南地区重要的对外运输通道及出海通道，上海四大中心的形成和西部大开发、中部崛起战略的实施将促进长江流域与世界的接轨，促进东、中、西部相互间的人流、物流、信息及资金流的大发展，长江航运以其优越的通航条件，通江达海的区位优势必将成为对外开放及西部大开发战略和中部崛起战略实施的强有力的支撑条件。

9.3.2　长江航道情况

长江干线航道自云南水富，下至长江口，长度超过2 830 km，属于国家航道，为贯穿我国东、中、西部水路运输的主干道。江苏太仓浏河口至宜宾合江门2 687.6 km主要由交通运输部长江航道局负责维护管理。其中，长江三峡通航管理局管辖宜昌中水门至庙河59 km航道，长江航道局负责业务指导。

1）水位条件

根据各水位站实测资料分析统计结果，计算各月分析断面不同水位期可以利用的水位条件、水位变化特征。长江干线水位站多年最高、最低水位情况见表9.4，特征水位分月统计见表9.5。

表9.4　长江干线水位站多年最高、最低水位情况表　单位：m

水位站	水尺零点高程	多年最高水位		多年最低水位		年最高水位多年平均值	年最低水位多年平均值
		水位	出现时间	水位	出现时间		
重庆	160.20	26.22	1987.7.22	-0.67	1987.3.16	20.62	-0.09
万县	99.98	37.2	1987.7.23	-0.91	1995.2.17	30.23	0.41
宜昌	39.35	15.02	1998.8.17	-1.25	2003.2.10	12.20	-0.64
沙市	29.35	12.29	1998.8.17	-2.57	2003.2.10	9.99	-1.46
监利	20.92	15.76	1999.7.22	0.42	1999.3.24	13.24	1.19
城陵矶	16.04	18.44	1998.8.20	1.21	1996.3.13	15.31	2.29
汉口	12.00	17.43	1998.8.20	0.19	1987.2.15	14.91	1.68
九江	7.09	15.91	1998.8.2	0.13	1987.2.14	13.22	1.40
安庆	4.19	14.31	1998.8.2	0.28	1987.2.24	12.04	1.26
芜湖	2.52	10.08	1998.8.2	0.25	1987.2.10	8.52	0.71
南京	1.97	8.09	1998.8.2	0.30	1987.3.1	6.76	0.74
镇江	1.64	6.9	1996.8.1	0.31	1996.2.27	5.94	0.61
长沙	25.84	39.01	1998.6.28	25.25	1999.1.3	36.31	26.17

注：①统计资料选用1983年1月至2003年4月各水位站报出的水位资料。

②上述各水位站水尺零点高程重庆、万县、沙市、监利、城陵矶为黄海高程，其他水位站为吴淞冻结高程。

表 9.5 长江干线水位站特征水位分月统计表

单位:m

水位站水尺零点高程	水位特征	1月	2月	3月	4月	5月	6月	7月	8月	9月	10月	11月	12月
重庆 160.20	月最高	1.29	0.74	1.41	3.41	7.17	13.43	18.80	17.31	14.89	10.45	5.89	2.81
	月平均	0.72	0.30	0.52	1.65	3.77	7.33	12.23	11.46	10.61	7.41	3.79	1.76
	月最低	0.30	0.01	0.04	0.57	1.79	4.01	8.11	7.63	8.05	5.07	2.56	0.97
万县 99.98	月最高	1.86	1.53	2.29	5.64	11.42	20.29	27.60	25.25	22.21	16.19	8.54	3.69
	月平均	1.33	0.93	1.29	2.99	6.31	11.80	19.86	17.43	15.72	10.95	5.25	2.50
	月最低	0.89	0.47	0.69	1.42	3.00	6.06	12.41	11.43	11.39	7.24	3.45	1.57
宜昌 39.35	月最高	0.45	0.20	0.68	2.96	5.86	9.16	11.48	10.49	9.03	7.10	4.86	1.68
	月平均	-0.01	-0.27	0.05	1.28	3.40	6.18	9.25	8.55	6.94	5.81	2.81	0.84
	月最低	-0.36	-0.54	-0.44	0.16	1.27	3.40	6.22	5.96	5.37	3.58	1.39	0.18
沙市 29.35	月最高	-0.18	-0.52	0.07	2.24	4.76	7.32	9.53	8.76	7.99	6.09	3.81	1.14
	月平均	-0.65	-0.96	-0.61	0.67	2.83	4.98	7.75	6.99	6.32	4.70	2.25	0.29
	月最低	-1.03	-1.34	-1.19	-0.47	1.02	2.95	5.81	5.37	5.04	3.34	1.08	-0.42
监利 20.92	月最高	2.36	2.34	3.46	5.47	7.76	10.38	12.79	11.75	10.83	8.81	6.42	3.69
	月平均	1.90	1.71	2.50	4.03	6.22	8.27	11.12	10.15	9.33	7.46	4.88	2.77
	月最低	1.56	1.32	1.82	2.79	4.46	6.44	9.33	8.80	8.03	6.13	3.63	2.07
城陵矶 16.04	月最高	3.96	4.39	5.94	7.93	9.97	12.48	14.83	13.79	12.67	10.72	8.34	5.33
	月平均	3.37	3.43	4.60	6.45	8.53	10.43	13.41	12.18	11.21	9.32	6.56	4.14
	月最低	2.88	2.70	3.63	4.87	6.60	8.62	11.27	10.83	9.85	7.95	5.10	3.29
汉口 12.00	月最高	3.42	3.78	5.45	7.61	9.43	11.51	14.65	13.75	12.31	10.06	8.10	4.94
	月平均	2.72	2.74	4.06	6.00	8.12	10.07	12.95	11.75	10.81	9.05	6.32	3.64
	月最低	2.23	2.05	3.03	4.48	6.38	8.31	11.50	11.09	9.32	7.46	4.78	2.69

续表

水位站水尺零点高程	水位特征	1月	2月	3月	4月	5月	6月	7月	8月	9月	10月	11月	12月
九江 7.09	月最高	3.10	3.54	5.34	7.47	8.89	11.23	12.99	11.99	10.92	9.37	7.23	4.46
	月平均	2.40	2.54	3.93	5.97	7.76	9.41	11.95	10.70	9.86	8.13	5.45	3.21
	月最低	1.95	1.86	2.85	4.50	6.40	7.79	10.26	9.74	8.60	6.94	4.21	2.32
安庆 4.19	月最高	2.89	3.33	5.03	6.94	8.14	9.85	11.85	10.93	9.99	8.59	6.68	4.17
	月平均	2.27	2.41	3.75	5.60	7.17	8.69	10.92	9.83	9.02	7.48	5.26	2.99
	月最低	1.80	1.77	2.71	4.30	6.04	7.18	9.47	8.93	7.90	6.40	3.93	2.15
芜湖 2.52	月最高	2.06	2.30	3.40	4.65	5.52	7.24	8.35	7.70	7.01	5.95	4.54	2.83
	月平均	1.55	1.64	2.52	3.68	4.78	5.93	7.68	6.86	6.22	5.11	3.56	2.03
	月最低	1.02	1.08	1.70	2.79	3.94	4.79	6.62	6.16	5.42	4.30	2.64	1.35
南京 1.97	月最高	1.82	2.00	2.78	3.70	4.41	5.70	6.62	6.12	5.64	4.75	3.75	2.43
	月平均	1.37	1.41	2.14	2.92	3.77	4.65	6.05	5.43	4.97	4.08	2.88	1.78
	月最低	0.98	0.99	1.40	2.19	3.03	3.73	5.21	4.85	4.25	3.43	2.15	1.23
镇江 1.64	月最高	2.34	2.46	3.20	3.91	4.25	5.05	5.72	5.54	5.18	4.43	3.59	2.56
	月平均	1.40	1.46	2.04	2.69	3.28	3.87	4.88	4.50	4.17	3.48	2.59	1.70
	月最低	0.79	0.78	1.14	1.72	2.34	2.93	4.05	3.76	3.28	2.68	1.74	1.09
长沙 25.84	月最高	28.77	29.95	31.74	32.90	33.66	34.60	34.96	33.00	31.88	30.37	29.00	28.02
	月平均	27.65	28.34	29.34	30.49	30.88	31.45	32.47	31.13	30.07	28.62	27.63	27.23
	月最低	26.88	27.34	28.04	28.77	28.96	29.26	30.27	29.73	28.72	27.53	26.86	26.61

注：①统计资料选用1983年1月至2003年4月各水位站报出的水位资料。

②上述各水位站水尺零点高程重庆、万县、沙市、监利、城陵矶为黄海高程，其他水位站为吴淞冻结高程。

2）潮汐条件

长江下游潮汐河段，主要潮汐站潮汐情况见表9.6。

3）各段通航条件

（1）山区天然河流航道。江津红花碛—宜宾合江门为山区天然河流航道，河段内地势高峻、地形复杂、航道狭窄，为窄深型河段，河道断面多为“V”字形或不完整的“U”字形，两岸谷坡陡峻，坡面呈直线形或曲线形，不同水位条件下的河床之间常无明显的分界线；两岸和河心常有坚石突出，岸线极不规则，河流纵剖面较陡峻，水深流急、流态紊乱、水位变幅大、多急流险滩，航行条件相对较差。

航段内枯水期含沙量少，江水较清；中水和洪水期江水浑浊，含沙量较大，同时还有大量的卵石，随湍急洪流推移而进。河谷及其附近地区的主要地质构造为东北—西南走向的梳状褶皱，以及与褶皱相平行的断层，河流在宽谷与峡谷之间。地貌情况属川东平行岭谷区，主要是低山和丘陵。

（2）三峡库区航道。长江干线三峡库区航道分为变动回水区河段、常年库区河段和两坝间河段。河段内有葛洲坝和三峡大坝两段枢纽航道，其中，葛洲坝水利枢纽航道又分大江航道和三江航道两线通航；三峡大坝在围堰发电期运行后，船舶由三峡船闸航道双线Ⅴ级船闸进出川江航道。目前，航道等级为Ⅰ级。

葛洲坝水利枢纽下游航道长约5 km，三峡大坝至葛洲坝水利枢纽为两坝间航道长约38 km，三峡大坝至庙河航道约16 km，全长约59 km的航道范围由三峡海事局三峡航道局管辖，业务上接受长江航道局指导。①变动回水区河段：涪陵—江津红花碛为变动回水区河段。在非汛期航道特点与常年库区河段近似；汛期航道条件、水流条件、流速、流态呈现天然航道特征，消落期变动回水区下端（长寿—丰都）航道条件、水流条件、流速、流态介于常年库区与天然航道特征之间，航道条件优于变动回水区上

表 9.6　长江潮汐情况表

单位：m

测站	平均最高潮位	平均最低潮位	月均潮位多年平均值											
			1月	2月	3月	4月	5月	6月	7月	8月	9月	10月	11月	12月
芜湖	8.47	0.51	1.51	1.59	2.48	3.55	4.70	5.78	7.57	6.68	6.15	4.91	3.36	1.97
南京	6.89	0.42	1.34	1.38	2.03	2.84	3.73	4.56	5.99	5.35	4.92	3.95	2.80	1.74
镇江	5.93	0.35	1.38	1.45	2.03	2.65	3.25	3.82	4.86	4.46	4.15	3.4	2.52	1.68
白茆	5.10	0.41	1.48	1.62	1.77	1.91	2.05	2.23	2.38	2.41	2.25	1.94	1.63	1.47

注：统计资料选用1985—2004年各水文站报出的潮汐资料。

段。变动回水区为季节性库区。②常年库区河段：涪陵以下—三峡大坝为常年库区河段。随着三峡工程蓄水水位的抬高，库区航道水深和航宽增加、水流减缓、流态改善、水位变幅减小、使船舶通航环境得到明显好转；但也伴随着出现了航标设置难度增大、江面风浪增大、雾情加重、干支流交汇条件改变和船舶通航密度加大等新特点。从大坝坝址至涪陵清溪场，库区航道全长约480 km，流经重庆市、湖北省，沿程较大的支流有小江、大宁河、沿渡河、梅溪河、香溪河等。175 m蓄水后，常年库区河段航道条件、水流条件、流速、流态等显著改善，航道内航道宽阔，流速缓慢，流态平稳，除少数航段航宽稍窄外，全段航宽基本都在300 ~ 800 m。常年库区河段主要险滩航段有太公八钓、兵书宝剑、火焰石、金扁担、白石子、青石洞、巫山、风箱峡、私盐沱、九湾溪、万州铁路大桥、凤凰滩、露缆子。③三峡—葛洲坝两坝间河段位于长江西陵下段，长约38 km。全河段峰回“河”转，蜿蜒曲折，大部分处于峡谷河段中，岩壁陡峭，河床多呈“U”“V”形，多处山脚、石梁、闷埂潜布江中，汛期水流湍急，泡漩、剪刀水等流态发育，河势十分复杂，特别是在水田角、喜滩、老虎洞（狮子垴）、石牌、偏垴等河段，水流复杂，通航条件较差，素有“川江咽喉”之称。葛洲坝枢纽蓄水后，两坝间航道处于常年回水区内，原有急流险滩大部分被淹没，枯水期呈水库特性，但汛期石牌以上河段天然河道特性明显，莲沱河段仍存在泡漩等不良水流，水田角以下河段还有回流与主流形成的夹堰水，通航条件较差。

（3）长江中游航道。长江干流自宜昌至武汉通常称为长江中游，流经湖北、湖南两省，蜿蜒于北纬30°。长江自宜昌以下，即进入中下游平原，河床坡降小，水流平缓，沿江两岸均筑有堤防，并有众多湖泊与河网。

长江中游段支流较多，南岸有清江、洞庭湖水系的湘江、资水、沅江、澧水；北岸有汉江。分流口主要有南岸的松滋河口、太平口、藕池口。

长江中游河段上起宜昌十码头，下至武汉长江大桥，航道里程为626 km，直线距离280 km，弯曲系数约为2.2。武汉和宜昌两地之间，低水位时平均落差为25 m，各港埠年水位差8～16 m，水面平均坡降为0.042%，航道表面流速洪水期一般为2.0～3.0 m/s，枯水期为1.0～1.6 m/s。根据河床形态和航行条件，长江中游一般分为3个河段，即宜昌—枝城段、枝城—城陵矶段和城陵矶—武汉段。①宜昌—枝城段，航道里程上起十码头（中游里程626 km），下至松滋口（中游里程553 km），全长约73 km，为顺直微弯河型，流经低山丘陵地带，是长江由山区性河流向冲积平原河流过渡的河段，区间内右岸有支流清江在宜都处入汇。宜昌至云池段河道顺直，无分汊河段；云池至枝城段河道由宜都、白洋、枝城弯道段组成。本河道由于两岸边界调节的制约，河道平面形态和洲滩格局相对稳定，河床冲淤年内呈周期变化。在葛洲坝枢纽兴建前的自然演变时期，年际间河床冲淤基本平衡，在葛洲坝枢纽施工期及运行期，本河段发生冲刷。20世纪90年代以来，河床冲淤又基本恢复平衡。本河段内建有桥梁4座，即夷陵长江大桥、宜昌长江公路大桥、枝城长江大桥和宜万铁路宜昌长江大桥。②枝城—成城陵矶段，航道里程上起松滋口（中游里程553 km），下至城陵矶（中游里程230 km），全长323 km。该河段属于平原河段，其中枝城至城陵矶段称荆江，又以藕池口为界分为上、下荆江。枝城至藕池口称上荆江，长约160 km，为微弯型河段，平面摆动小，河槽宽度为1 300～1 500 m，江中多洲滩，有芦家河、太平口、瓦口子、马家嘴、周公堤和天星洲等多处浅滩。藕池口至城陵矶称为下荆江，长约164 km，为蜿蜒型河段，两岸崩塌剧烈，河道迂回曲折，弯道甚多，河槽平均宽度1 000 m，平面位置摆动甚大，自然裁弯和切滩频繁，河势极不稳定、浅滩变化复杂。河段内有藕池口、碾子湾、窑监、铁铺、尺八口等浅滩，其中窑监浅滩是长江中游的“瓶子口”。本河段内建有桥梁1座，即荆州长江大桥。③城陵矶—武汉段，航道里程上起城陵矶（中游里程

230 km)，下至武汉长江大桥（中游里程 2.4 km），全长 227.6 km，该河段属于平原河段。本河段有洞庭湖水汇入，流量增大，江面较宽，河道较顺直，航道较荆江段稳定。该河段两岸多为独立山丘，两岸土质有所不同，侧向侵蚀较严重，易形成分汊和弯曲河道。河段内主要浅水道有界牌、陆溪口、嘉鱼、燕窝和武桥等水道，其中界牌、陆溪口已实施了综合治理工程。本河段内建有桥梁 3 座，即军山长江大桥、白沙洲长江大桥和武汉长江大桥，拟建桥梁 1 座，即荆岳长江公路大桥。

长江中游航运条件优越，内河航运发达，武汉以下中、洪水期可通航 5 000吨级船舶，城陵矶以下中、洪水期可通航 3 000 吨级船舶。汉江、湘江拥有较重要的支流航道。目前主要浅险水道有芦家河、枝江、太平口、马家嘴、周公堤、天星洲、藕池口、窑集佬、监利、铁铺、尺八口、陆溪口、嘉鱼、燕窝、武桥等。

随着改革开放的深入和国民经济持续稳定发展，长江流域的治理和开发正以空前的规模和速度向前推进。三峡工程的兴建，为中部经济的崛起和向四周辐射产生重大影响；南水北调跨流域引水巨大工程，具有重大的战略意义。

（4）长江下游航道。长江干线上巢湖—浏河口河段为长江下游航道，全长 818.6 km，共流经湖北、江西、安徽、江苏及上海 5 省市。自湖北黄石至江苏镇江之间的广大区域上分布有河漫滩、堤圩及湖沼河渠，除沿江两岸的丘陵山地外，海拔高度一般在黄海高程 50 m 左右；江苏镇江以下为著名的长江三角洲，地势低平，堤垸纵横，河渠密布。北岸为苏北平原，南岸为太湖平原。局部地区散布孤丘，海拔一般在 10 m 左右。

上巢湖至南京以上河段属冲积性平原河流，江中多洲滩，河道平面形态以节点控制下的顺直、弯曲分汊河型为主，汊道繁多是本河段河道的显著特征，该段水域相对开阔，流路曲折，水流平缓，船舶运输较为繁忙，除少数浅险水道碍航外，大部分江段通航条件较好。河道宽度除局部窄段外，一般都在1 km以上。局部宽阔河段，由于水流分散，江中多滩，常形成两支或多支分汊河道，一般有3种类型。一种是顺直分汊河道，两岸均为山地丘陵或其他质地坚硬的土质所控制，河曲不能充分发展，河道外形较稳定，河道窄而深，河槽稳定，主槽明显；第二种是鹅颈形分汊河道，一岸多山地丘陵控制或较稳定，而另一岸多为冲积平原，河曲可以向平原一岸充分发展，河道外形常有变化；第三种为微弯分汊河道，顺直微弯段和分汊段交替出现，航道相对稳定。历史上，该河段河道中有众多沙体和潜洲，几度分合或并岸，历经沧海桑田的变化，航道条件较差，近几十年来，由于护岸、围垦造地、节点控制工程、航道整治工程等多种因素作用，河势格局已基本稳定，总体航槽水深条件较好。但局部河段滩槽形态在不同来水来沙条件下仍变化剧烈，河道分汊段进、出口及过渡段常存在浅滩碍航，部分浅滩段的航道条件在自然条件下还有进一步恶化趋势。

南京至浏河口河段全长312 km，位于江苏省境内。以江阴为界分为上、下两段。江阴黄山节点以上长190 km的河道属于近口段，河床演变主要受径流控制，河道相对窄深，江面宽度在1.1～3.0 km（不含江心洲）。南岸有宁镇山脉和江阴黄山的制约，岸线稳定少变，北岸属冲积平原，易受水流冲刷而崩塌。这段河道以分汊河型为主，沿江有多处节点控制，节点处江面宽度仅为1.1～1.3 km，水深流急，节点间江心洲发育，江中共有大大小小10余个江心洲，河道平面形态成为宽窄相间的藕节状。

江阴黄山节点以下属于长江三角洲河口段，呈喇叭口形，潮汐现象显著，江面宽阔，水深变浅，江面宽度在5～20 km，总体上自上而下逐渐展宽。河床演变受径流和潮流的共同作用，河道中沙体较多，且出现大量的发育未成熟的散乱沙群或潜洲，水流切割沙体，沙群分合多变，水道兴衰交替、变化频繁。该段河道形态变化特点表现为江中沙洲及河岸冲淤变化频繁，弯曲河型与分汊河型交替出现。徐六泾为长江最后一个节点，其上游河宽5～10 km，下游河道展宽，徐六泾以下河道平面上呈三级分汊、四口入海之势，形成极开阔的喇叭形三角洲，口门处宽达 90 km。

上巢湖至南京以上河段的浅滩一般位于宽阔河道的分汊河段及其上下口放宽段、过渡段，或者是与支流汇合口的上方等，主要有武穴水道、新洲水道、张南水道、马当水道、东流水道、安庆水道、太子矶水道、土桥水道、黑沙洲水道、江心洲—乌江水道等。

南京至浏河口段航道自然条件比较优良，主要浅险水道有仪征水道、和畅洲水道、口岸直水道、江阴水道、白茆沙水道、通州沙和福姜沙水道等。

（5）长江航道远景规划。长江通航能力首先在航道水深，从长江口的拦门沙，到中上游的航道，都必须进行整治。长江口自然水深仅 6 m，20 世纪 70 年代后靠人工整治维持在 7 m，1998 年后经一期整治达 8.5 m，2004 年二期工程完成后，水深才达到 10 m。而芜湖江段航道直到 2005 年水深才由 4.5 m 达到 6.5 m。根据交通部制定的《2011—2015 年长江干线航道发展规划》，在长江上游，从水富至宜昌段，采取整治和疏浚相结合的措施，使水富至重庆、重庆至宜昌分别达到规划的内河Ⅲ级、Ⅰ级航道标准。在长江中游，规划宜昌至城陵矶河段航道为内河Ⅰ级、水深为 3.5 m；城陵矶至武汉河段的航道水深为 3.7 m；武汉至江西湖口河段的航道水深为4.5 m，可通航由 2 000 吨级或 5 000 吨级驳船组成的 2 万～4 万吨级船队，利用自然水深通航 5 000 吨级海船。对于长江下游，规划湖口至安庆段航道为内河Ⅰ级、水深为 4.5 m；安庆至南京段航道内河Ⅰ级、水深为 6.0 m；南京至太仓段航道逐步改善通航条件，适应大型海船运输需要，可通航由 2 000 吨级或 5 000 吨级驳船组成的 2 万～4 万吨级船队和 3 万～5 万吨级海船；太仓至长江口段航道水深 12.5 m，实现 5 万吨级集装箱船全天候双向通航，兼顾 10 万吨级散货船舶满载乘潮通航。

根据《长江干线航道发展规划》，2020 年前将完成长江干线全面、系统的治理，进一步提高航道通过能力和抵御自然灾害的能力。航道生产设施和管理手段充分应用先进技术，实现航道设施智能化，管理数字化，维护手段现代化，并始终保持与社会和科技进步同步发展，将长江干线建成完全畅通、环境优美的现代化水运通道。长江干线航道规划建设标准为：水富至宜宾航段，将由目前的1.8 m水深提升到2.7 m水深，全年可通航1 000吨级驳船组成的船队；城陵矶至武汉航段，水深提升到3.7 m，可通航由3 500吨级油驳组成的万吨级船队，可利用航道自然水深通航3 000吨级海船；武汉至铜陵航段，通航由2 000～5 000吨级驳船组成的2万～4万吨级船队，可利用航道自然水深通航5 000吨级海船；铜陵至南京航段，水深提升到6 m，可通航5 000吨级海轮；南京至浏河口航段，可通航5万吨级海轮；浏河口至长江口航段，可通航第五代以上超大型集装箱船及10万吨级以上大型散货船。①嘉陵江。嘉陵江干流梯级开发以发电、航运为主，兼顾灌溉及其他。规划建设水东坝、亭子口、仓溪、金银台、利泽、合川、井口等17个梯级，其中利泽、合川、井口3个枢纽在重庆境内，待全线梯级渠化后，对促进流域资源开发和经济发展将发挥非常重要的作用。航道规划总里程为743 km，至2020年，广元至利泽枢纽606 km将达到Ⅳ级航道标准，利泽枢纽到重庆朝天门137 km将达到Ⅲ级航道标准。②湘江。湘江作为湖南省水运通江达海的主通道，在湖南水运发展中发挥着重要作用。根据规划，到2020年，斗牛岭至苹岛将建成Ⅵ级航道，苹岛至衡阳将建成Ⅳ级航道，衡阳至株洲将建成Ⅲ级航道，株洲到至城陵矶将建成Ⅱ级航道，总规划里程为773 km。③汉江。汉江是长江中游最大的支流，是湖北省境内第二大水运动脉，国家水运主通道。湖北省水运规划之一是以长江、汉江为骨干，形成江汉平原地区的水运航道网，规划至2020年，安康至丹江口段将建成Ⅳ级航道，丹江口至汉口航段将建成Ⅲ级航道标准。④赣江。赣江是江西第一大川，长江第二大支流。赣江航道的规划将结合赣江的梯级开发，辅以航道整治措施，使吴城至赣州航道2020年能通航1 000吨级的船舶，航道等级达到Ⅲ级航道标准，规划里程为

526.4 km，赣州至于都段达到Ⅴ级航道标准，于都至会昌达到Ⅵ级航道标准。⑤京杭大运河。京杭运河黄河以北至北京720 km（含跨河段2 km）规划结合南水北调东线工程，将此段建成Ⅲ级航道。黄河以南至谏壁江口739 km（含跨长江段13 km）规划为Ⅱ级航道，谏壁江口至杭州三堡船闸308 km规划为Ⅲ级航道。

9.3.3 长江江海联运综合分析

目前长江主航道宽度条件优越，均能满足相应水深吨位的船舶安全通航。制约长江主航道及其分支航道通航的主要条件是水深条件。就目前长江航道条件而言，南京以下江海联运船舶吨位可达到2.5万t；受南京长江大桥净空高度和水深条件限制，安庆以下江海联运船舶吨位可达5 000 t；受水深条件限制，武汉以下江海联运船舶吨位可达4 000 t（洪水期船舶吨位可达5 000 t）；城陵矶以下江海联运船舶吨位可达3 000 t；重庆以下江海联运船舶吨位可达1 000 t左右。

按照《长江干线航道发展规划》的标准要求，2020年以后，南京至浏河段江海联运船舶吨位可达到5万t；浏河口至长江口航段，江海联运船舶吨位可达到10万t；南京至武汉航段，江海联运船舶吨位可达到5 000 t；城陵矶至武汉航段，江海联运船舶吨位可达3 500 t；重庆以下江海联运船舶吨位可达1 000 t左右；嘉陵江江海联运船舶吨位可达500 t湘江、汉江、赣江、京杭大运河江海联运船舶吨位可达1 000 t左右。

9.4 舟山江海联运规划

9.4.1 船型规划

为了减少江海联运成本，舟山江海联运船型设计应采用分段设计，在舟山—上海的江海联运，可选择10万t及以下船舶；在舟山—江苏沿长江的江海联运，可选择2.5万t及以下的船舶；在舟山—安庆一带的江海联运，可选择5 000 t及以下的船舶；在舟山—武汉一带的江海联运，可选择4 000 t及以下的船舶；在舟山—城陵矶一带的江海联运，可选择3 000 t及以下的船舶；在舟山—重庆一带的江海联运，可选择1 000 t及以下的船舶；2020年以后，舟山—嘉陵江一带江海联运，可选择500 t及以下的船舶；2020年以后，舟山至湘江、汉江、赣江、京杭大运河一带的江海联运，可选择1 000 t及以下的船舶。

9.4.2 航道规划

舟山至南京以上港口的船舶由于受到航道条件的限制，船舶吨位均不能超过5 000 t。同样，舟山至湘江、汉江、赣江、京杭大运河、嘉陵江一带的江海联运船舶也应控制在1 000 t以下。从节省航程的角度出发，从舟山出发，航行至南京以上港口、湘江港口、汉江港口、赣江港口、京杭大运河港口、嘉陵江港口的船舶以及5 000 t以下的船舶最好选择舟山附近的内航路或西航路（经过东海大桥）航行。5 000 t到万吨级的船舶选择舟山附近的内航路或西航路东边（经金山水道）航行。万吨级以上船舶，选择舟山中航路航行。特大型江海联运船舶选择外航路、东航路航行。舟山水域江海联运航道规划总体原则是：西航路规划为小型船舶航道；内航路规划为中型船舶航道；外航路、东航路规划为大型船舶航道；从节省航程角度出发，中小型船舶尽量选择西航路及内航路航行。航道是船舶通航的载体，航道的规划建设离不开代表船型的确立。要规划建设好舟山江海联运航道，首先应根据长江航道实际情况及舟山航道实际情况合理确立江海联运船舶的代表船型，然后才能在此基础上对江海联运航道进行科学规划。

9.4.3 码头规划

码头的建设应与航道建设相匹配。舟山的中西部主要是中小型船舶航道，舟山的东部主要是深吃水的大型船舶航道。因此总体上来讲，舟山的中西部应建设1万吨级左右的泊位为主，而舟山的东部应建设万吨以上的泊位。具体来讲，衢山岛、岱山岛东北部、舟山本岛东北部、朱家尖岛东部、桃花岛东部、六横岛东南部、大小洋山岛均适合建设万吨级以上码头；岱山岛西部、舟山本岛西南部、金塘岛、桃花岛西部、六横岛西部适合建设万吨级及以下码头。

9.4.4 管理规划

江海联运除了涉及舟山以外，还涉及沿江各省市。目前在航道管理上基本上是条块分割、各自为政。从航道管理部门来讲，涉及江海联运的航道管理部门有舟山港航局、长江航道局等；从船舶安全监督部门来讲，涉及部门有舟山海事局、宁波海事局、上海海事局、江苏海事局、长江海事局等。江海联运需要的是统一协调管理，这样有利于提高管理和营运效率。因此，在江海联运大背景下，沿江沿海一带应建立统一协调机构（如江海联运航道及通航管理中心），同时，各航区船舶应实现标准化，以便集中管理航道，集中控制船舶的有序通航。

9.5 本章小结

本章运用前文相关章节的知识，充分评估了舟山海域及长江水道实施江海联运在航道方面的可行性，得出了以下重要结论。

（1）根据舟山水域、长江水域航道现状及近期规划，舟山港江海联运船型应分航区设计，即上海段船型可以是10万吨级以下船舶，江苏段船型可以是2.5万吨级以下船舶，武汉段船型可以是4 000吨级以下船舶，长江各支流以千吨级船型为主，各航区船舶应实现标准化，以提高通航效率。

（2）舟山江海联运的中小型船舶航行应选择西航路或内航路航行，这样可缩短航程，有利于节约成本。

（3）为实施江海联运战略，舟山的中西部以建设1万吨级及以下吨位的码头为宜，而舟山的东部以建设万吨以上的码头为宜。

（4）江海联运涉及沿江沿海多个管理部门，为避免各自为政的局面，江海联运应建立统一协调机构，以便集中管理航道，集中控制船舶的有序通航。

10　结论与展望

10.1　重要结论

航道是为通航服务，是航运的载体。因此以通航为轴线，开展航道方面的研究很有必要。本书针对航道优化布置设计中的若干问题，采用理论分析、数值模拟等研究方法，对航道富余水深确定、顺直航道布置、弯曲航道布置、桥区航道布置、航道建筑物评价、航道等级划分及舟山江海联运航道设计布置等方面进行了探讨，主要成果与结论如下。

（1）提出了航道富余水深的确定方法。航道富余水深应综合考虑船舶航行时船体下沉量、其他富余深度、船舶航行龙骨下最小富余深度、波浪富余深度、船舶纵倾富余深度等因素。在理论分析的基础上，确定了船舶航行时船体下沉量、其他富余深度、船舶航行龙骨下最小富余深度、波浪富余深度、船舶纵倾富余深度的数学计算模型。

（2）提出了航道宽度设计方案。对于顺直航道而言，影响航道宽度的因素包括：船舶航迹带宽度、风致漂移量、流致漂移量、船间间距、船岸间距等；对于弯曲航道而言，航道宽度除了要考虑顺直航道宽度各因素以外，还应考虑弯曲航道附加宽度。本书结合船舶的操纵性，确定了船舶航迹带宽度、风致漂移量、流致漂移量、船间间距、船岸间距以及弯道附加宽度的数学计算模型。

（3）以概率统计理论为基础，确定了航道宽度的概率设计模型；探讨了航道与交通事故之间的灰色关联评价方法。

（4）数值模拟的结论表明，桥墩紊流范围与桥墩附近水流的雷诺数及弗劳德数密切相关。通过曲线拟合数值模拟数据，得出了计算圆形桥墩紊流最大范围的经验公式；桥区的桥浮和航道应布置在桥墩紊流漩涡区最大范围之外。

（5）分析了我国航道等级划分现状，提出了我国航道等级划分的对策；分析了航道建筑物对通航的影响，提出航道建筑物评价方法。

（6）以舟山江海联运航道设计为例，说明了航道优化布置设计方法和设计流程。

10.2 未来展望

本书虽然围绕航道优化布置设计方面进行了一些有益的探讨，但是航道设计问题本身复杂，需要探讨的问题多，且涉及知识面广，因此还有许多热点问题需要进一步探索，具体来讲，这些问题主要包括以下几个方面。

（1）交叉航道水流流态复杂，在水流汇合处及水流汇合漩涡末端存在驻流，是泥沙大量淤积的地方。同时交叉航道船舶汇流密度大，往往是交通事故易发地段，因此交叉航道的航路和浮标设计是一个值得探讨的问题，对这一问题的研究有待进一步深入。

（2）弯曲航道水流复杂，尤其是弯道环流随弯道的曲率、水深等因素变化强烈，弯道环流对弯曲航道浮标及船舶操纵影响较大。本书虽然对弯曲航道的航路设计进行了一些探讨，但这种探讨也只是局限于宏观层面，研究还很不完善，因此如何结合弯道环流来探讨弯曲航道布置也是一个值得继续深入探索的问题。

（3）岸壁效应和船间效应对航道布置的影响很大。针对这一问题虽然现有研究较多，但大多数研究成果只停留在定性层面，究竟岸壁效应和船间效应与相关影响因素之间是一个什么样的定量关系，还有待进一步深入研究。

参考文献

艾万政,丁天明.2014.桥区航道优化布置设计研究[J].交通运输系统工程与信息,14(1):131-135.

包雄飞.2009.创建珠海港港口物流园区的思考[J].中国水运,(10).

陈宏.2008.船舶过浅滩富余水深和航行注意事项[J].航海技术,(2).

陈建文.2010.澳大利亚 Gladstone 港概况及航法[J].航海技术,(2):27-29.

陈健.2004.全国内河航道等级划分[J].水运工程,(1):15-16.

陈亮云.2007.浅谈南沙港区江海联运[J].珠江水运,(5):18-19.

陈焰.2001.谈长江大桥桥区水上交通安全管理[J].中国水运,(10).

陈永奎.1996.斜流效应的分析计算[J].长江科学院院报,(3):1-5.

陈永奎.1999.三峡工程船闸上游引航道口门区斜流特性研究[J].长江科学院院报,(2):222-228.

程永舟.2005.弯曲河道上桥梁通航净宽的计算方法探讨[J].水运工程,(1).

戴冉,贾传荧,孙立成.2002.船舶下沉量的实测研究[J].交通运输工程学报,(2).

戴彤宇,刘伟力,聂武.2003.船撞桥概率分析与预报[J].哈尔滨工程大学学报,(1):23-29.

戴彤宇,聂武,刘伟力.2002.长江干线船撞桥事故分析[J].中国航海,4(53):44-47.

董存义,吴东江.2008.船体下沉量与富余水深的确定[J].航海技术,(3).

范平易,邹早建,汪淳.2010.基于桥区水流数值模拟的桥墩对通航影响分析[J].中国航海,33(1):37-41.

冯宏琳.2006.西江航道尺度开发潜能研究[D].南京:河海大学.

冯铁城.1980.船舶摇摆与操纵[M].北京:人民交通出版社.

甘浪雄,谭志荣.2002.小渔船在大风浪中航行的操纵要领[J].船海工程,(1).

甘浪雄.2003.船舶在桥区安全航行可靠性分析[J].武汉理工大学学报:交通科学与工程版,27(4).

高峰,谷汉斌,郑宝友.2005.黄骅港进港航道航行船舶下沉运动量试验[J].水道港口,(1).

高峰.2004.船模运动六分量的非接触式测试系统[J].水道港口,25(1):48-50.

高利军,杨兴忠.2009.船舶下沉量分析与计算[J].天津航海,(4).

古文贤.1995.浅水域航行时的富余水深[J].世界海运,(5):54-56.

谷汉斌.2004.黄骅港外航道整治工程两防沙堤内水域局部整体波浪物理模型试验研究[R].天津:交通部天津水运工程科学研究所.

桂林林,张维竞.2007.长江干线江海联运集装箱船主尺度与动力装置选型的研究[J].武汉理工大学学报:交通科学与工程版,(2):308-309.

郭国平,陈厚忠.2006.南通航段超大型船舶航行富余水深计算方法[J].船海工程,(4).

郭国平.1999.船舶操纵[M].北京:人民交通出版社.

郭禹.1998.航海学[M].大连:大连海事大学出版社,417-452.

何小花,陈立,王鑫.2006.桥墩紊流宽度的试验研究[J].水利水运工程学报,(3):49-53.

洪碧光,于洋.2003.船舶在浅水中航行下沉量的计算方法[J].大连海事大学学报,(2).

胡金泉,邹德武.2004.关于内河交通安全管理的研究[J].中国水运,(4).

胡旭跃,沈小雄,程水舟.2004.墩柱周围水流表层涡漩区宽度的试验研究[J].长沙理工大学学报:自然科学版,1(1):39-42.

贾欣乐,杨盐生.1999.船舶运动数学模型[M].大连:大连海事大学出版社.

蒋革,方新康.2007.江海联运在浙江水运发展中的定位研究[J].综合运输,(4):29-31.

蒋维清.1986.船舶原理[M].北京:人民交通出版社.

金一丞,尹勇,任鸿翔,等.2001.船舶操纵模拟器[J].大连海事大学学报,27(2).

雷涛,郭国平等.2002.浅水航行船舶下沉运动量的确定[J].航海技术,(2):2-4.

李积德.1981.船舶耐波性[M].北京:国防工业出版社,145-147.

李开国.2006.珠江水系交通运输状况分析[J].广东交通,(3).

李一兵,王育林.1990.三峡工程船闸引航道口门水流条件标准试验[R].天津:交通部天津水科所.

李勇.1999.船舶操纵[M].北京:人民交通出版社.

廖方伟.2004.内河通航标准与水运工程建设管理新标准新法规应用手册[M].哈尔滨:黑龙江文化音像出版社,400-410.

林宇,张光玉.2003.航运枢纽工程环境影响调查方法研究[J].交通环保,24(1).

刘德邦.1997.弯曲河段大型桥墩(台)防撞成因分析及对策[J].重庆交通学院学报,(4).

刘静岩.2006.珠海港的机遇和挑战[J].商场现代化,(3).

刘明俊,艾万政.2006.苏通大桥桥区水域船舶通航能力研究[J].船海工程,(4).

刘明俊,刘先栋,齐传新.1996.船舶(队)通过黄石大桥引航方法探讨[J].武汉交通科技大学学报,20(4):372-376.

刘明俊.2005.苏通大桥船舶通航标准论证方法[J].船海工程,(3).

刘明俊.2006.船舶过弯道所需航宽建模[J].武汉理工大学学报:交通科学与工程版,(1).

刘月琴.2004.珠江三角洲水运发展与航道等级、船型标准化关系的探讨[J].广东造船,(2).

刘正江,夏国忠,王逢辰.1995.限制水域中船体下沉量的实用估算[J].大连海事大学学报.

罗伟林,甘浪雄,邹早建.2014.桥墩附近流场分布及对通航船舶的影响[J].中国航海,37(1):66-72.

齐传新.1982.内河船舶运输安全学[M].大连:大连海运学院出版社,23-26.

齐鄂荣,邱兰,卢炜娟.2006.二维矩形突起物绕流流动结构的实验研究[J].水动力学研究与进展:A辑,21(3):388-394.

钱徐涛.2002.浅议内河通航标准[J].江苏船舶,(2):19-20.

苏萍.2006.欧洲内河运输发展趋势[J].水运工程,(2):17-18.

孙德勇.2010.黄骅港船舶航行安全富余水深研究[D].大连:大连海事大学.

孙东坡,朱岐武.2006.弯道环流流速与泥沙横向输移研究[J].水科学进展,17(1):61-66.

孙立成,何易培,贾传荧,等.1999.虾峙门外航道超大型船舶富余水深的研究[J].中国航海,(2).

唐强荣. 2002. 在开敞浅水域中航行富裕水深的确定方法[J]. 中国航海,(4).

汪耘. 1998. 船体浅水下沉量估算方法评述[J]. 世界海运,(6).

王昌杰. 2000. 河流动力学[M]. 北京:人民交通出版社,34 – 41.

王多银,陈明栋. 2001. 长江上跨江建筑物的布设原则探讨[J]. 水运工程,(4):4 – 6.

王鹤荀,郭洪驹. 2004. 船舶安全富余水深的确定[J]. 上海海事大学学报,25(4).

王新辉,唐强荣. 2003. 超大型船浅水域压载航行最小艏吃水的确定方法[J]. 中国航海,(4):50 – 53.

文岑,陈桂馥. 2000. 船舶航行的数值模拟[J]. 重庆交通学院学报,19(4):102 – 106.

吴澎,曹凤帅,严庆新. 2010. 船舶航行下沉量计算方法对比分析[J]. 中国港湾建设,(10).

吴平. 2003. 泸州长江公路三桥通航论证[J]. 武汉大学学报:工学版,(4).

吴羲晖,郭国平. 2003. 内河船舶安全航速分析与探讨[J]. 船海工程,(2).

吴兆麟. 2004. 海上交通工程[M]. 大连:大连海事大学出版社,103 – 107.

西江港口结盟推进合作和一体化进程[J]. 港口经济,2010(1).

许保华. 2007. 桥墩周围通航宽度影响研究[D]. 南京:河海大学.

岩井聪. 1982. 操船论[M]. 周沂,译. 北京:人民交通出版社.

晏志峰. 2004. 加快珠海港发展的几点建议[J]. 集装箱化,(12).

叶正兵. 2009. 船舶浅水区域航行时下沉量的数值计算方法研究[D]. 大连:大连海事大学.

张晨曦,邹早建,王化明. 2012. 驶经桥墩船体非定常水动力相互作用数值预报[J]. 水动力学研究与进展:A 辑,27(3):359 – 365.

张俊飞. 2004. 珠江水系内河运输船舶现状及标准化发展思路[J]. 交通标准化,(6).

张琦,杨浩. 2008. 基于上海港的集装箱联运径路选择的研究[J]. 物流技术,27(7):63 – 65.

张文爽. 2009. 珠江运输船舶船型标准化若干问题研究[J]. 珠江水运,(12).

张仲南. 1982. 从船模航行情况试验引航道口门允许流速[R]. 南京:南京水科院.

赵劲林,王逢辰. 1999. 船舶避碰学原理[M]. 大连:大连海事大学出版社.

赵月林. 2000. 船舶操纵[M]. 大连:大连海事大学出版社.